Jane Turner • Bernard Hévin

9 bonnes façons de construire sa vie adulte

de 17 à 97 ans !

InterEditions

ISBN 978-2-7296-1073-9

Soyez ce que vous voudriez avoir l'air d'être ;
ou pour parler plus simplement :
« Ne vous imaginez pas différent
de ce qu'il eût pu sembler à autrui que vous fussiez
ou eussiez pu être en restant identique à ce que vous fûtes
sans jamais paraître autre que vous n'étiez avant d'être
devenu ce que vous êtes. »

Lewis Carroll

SOMMAIRE

Introduction mode d'emploi – Avoir les bonnes cartes en main 1

1. VIVEZ VOTRE ÂGE 15

Bonne façon n° 1 : profitez du moment présent 15

2. FAITES-VOUS UN ALLIÉ DE TOUT CE QUI VOUS ARRIVE 41

Bonne façon n° 2 : servez-vous du changement comme force motrice 41

3. UTILISEZ VOTRE POSSIBILITÉ DE TRANSFORMER LE PLOMB EN OR 63

Bonne façon n° 3 : la « formule magique » valable à tous les âges 63

4. ENTRETENEZ L'ESSENTIEL 77

Bonne façon n° 4 : réévaluez et réactualisez vos valeurs tout au long de votre vie 77

5. EXPLOREZ, PRENEZ CONSCIENCE 93

Bonne façon n° 5 : utilisez les moyens qui vous permettent de mieux vous connaître et de décoder votre environnement 93

6. ÉQUILIBREZ VOS DOMAINES DE VIE 119

Bonne façon n° 6 : harmonisez vos investissements énergétiques et émotionnels 119

7. RESTEZ ALERTE 143

Bonne façon n° 7 : apprenez à apprendre et à désapprendre toute votre vie 143

8. DONNEZ-VOUS DES POINTS D'APPUI SOLIDES 165

Bonne façon n° 8 : revivifiez régulièrement vos principes de vie 165

9. RÊVEZ 189

Bonne façon n° 9 : soyez visionnaire ; rêvez votre projet et projetez vos rêves dans votre vie 189

Conclusion – Des ingrédients, une recette et un moule… 205

Remerciements 207

Bibliographie 209

Liste des exercices 211

Liste des figures 212

Table des matières 213

Introduction
Mode d'emploi

Avoir les bonnes cartes en main

LE MONDE BOUGE AVEC UNE RAPIDITÉ EXTRÊME ; il évolue si vite que l'on ne le reconnaît plus. En effet, le monde d'aujourd'hui ressemble très peu à ce qu'il fut il y a cinquante, quarante, même trente ans.

La durée de vie s'allonge et le fossé intergénérationnel grandit. La mode vestimentaire, les styles musicaux... tous les points de repère affectionnés par les « jeunes » pour se reconnaître comme membres de la même tribu se trouvent adoptés et abandonnés de plus en plus rapidement. Il n'y a pas si longtemps, ce type de changement se faisait sur 20 ans, puis plus récemment sur 10 ans et on peut s'attendre à ce qu'il se fasse prochainement sur 5 ou 7 ans seulement. On finit par ne plus savoir qui est qui ni qui appartient à quoi.

On vit plus longtemps avec plus de changements, car, bien que le changement ait toujours existé, il accélère ; sa vitesse s'est démultipliée.

Force est de le reconnaître, quel que soit votre âge, la vie d'un adulte est très différente de ce que vous avez pu imaginer enfant ou adolescent, et encore plus dissemblable de ce que les adultes d'alors avaient prédit. L'âge adulte est devenu un territoire dont le paysage se construit et se renouvelle au fur et à mesure que l'on avance dans sa vie. Vivre aujourd'hui, c'est se déplacer dans un endroit pour lequel on ne possède aucune carte. Il arrive que l'on se demande même parfois s'il existerait une carte de ce lieu, aussi imparfaite soit-elle. On ne sait ni de quoi demain sera fait, ni ce qui se passera pendant la prochaine étape. L'incertitude est au rendez-vous, mais on sait qu'il faut tailler sa route ; malgré un manque de repères notoire, on doit construire sa vie.

Forts du constat qu'il faut, quoi qu'il en soit, avancer en se frayant son propre chemin, nous avons décidé de rédiger cet ouvrage. Nous savons de notre expérience professionnelle en tant que coach, psychothérapeute, conseil, formateur et animateur de groupe de développement personnel, à quel point les adultes ont besoin de se retrouver, faire le point, mieux se connaître et mieux s'apprécier. Nous savons aussi qu'une telle réflexion, une telle rencontre avec soi-même se fait la plupart du temps à l'aide et avec l'appui d'un tiers, et, que bien qu'elle puisse s'accomplir en solo, en aucun cas elle ne saurait se réaliser sans repères. C'est pour cette raison que nous avons écrit cet ouvrage, pour vous donner les repères nécessaires pour construire votre vie adulte et réaliser votre projet de vie.

Les concepts exposés ici sont issus du modèle de coaching du Dôjô, notre centre de développement personnel et professionnel. Ce modèle, le « Renouveau de la Vie Adulte : du projet professionnel au projet de vie », a été mis au point par les auteurs au fil des années.

Nous avons écrit ce livre pour vous inviter à expérimenter à votre manière comment vous pouvez vivre la certitude dans l'incertitude, la stabilité dans l'instabilité pour construire votre vie et mener à bien votre projet. Nous vous souhaitons de constater pour et par vous-même comment les cartes et les points de repère présentés sont puissants et efficaces pour vous aider à vivre votre vie aujourd'hui et demain.

Toutefois, nous ne pouvons pas vous garantir qu'ils gardent leur utilité et leur efficacité à l'infini. La vie change, et les modèles créés pour l'expliquer et l'appréhender aussi. Nous vous invitons alors, à apprendre à créer de nouveaux modèles et de nouveaux repères à votre tour qui permettent de figurer la vie des jours à venir telle que vous la construirez.

TROUVEZ LA STABILITÉ DANS L'INSTABILITÉ

Pour trouver de la stabilité dans ce monde en mouvement, il faut d'abord être en mesure d'apprécier ce que l'on vit dans sa complexité. Cela signifie consentir à vivre l'âge que l'on a, reconnaître là où on en est à ce moment de sa vie pour faire des aléas des alliés, accepter de remettre en cause ses acquis et faire des abandons, actualiser ses valeurs et vivre en fonction d'elles, avoir conscience en même temps de soi et de son environnement, équilibrer ses domaines de vie, apprendre à apprendre et aussi à désapprendre, revisiter et réviser ses principes et règles de vie, être visionnaire et avoir un projet.

Vivre, c'est tout cela. Vivre, c'est élaborer et valider son projet de vie et bien d'autres choses encore où l'aventure, le changement permanent et la sécurité sont étroitement liés. Mais on ne peut pas gérer le changement extérieur sans la compréhension de sa propre situation, sans savoir qui l'on est ni où l'on va. Et un changement en soi-même ne peut non plus être effectué si on ne tient pas compte des forces externes et de leur influence.

Aujourd'hui, gérer le changement est une priorité, et de nos jours, les années adultes sont sans conteste la période la plus remplie de changements multiples. Que le changement soit provoqué par des événements externes vis-à-vis desquels doivent être fournies des réponses diversifiées et innovantes ou par des remaniements internes qui exigent de reconsidérer ce qui a été accepté sans questionnement jusqu'alors, il est omniprésent. Face à cette situation, deux possibilités : soit subir ce que l'on estime être son sort, ou bien créer son destin en prenant son avenir en main.

Que faire ? Votre choix de lire ce livre laisse penser que votre décision est prise : vous voulez prendre en main votre avenir et créer votre vie. Reste à traiter une autre question : Comment faire ? Quel processus est à engager ? Quelle démarche faut-il suivre ? Effectivement, quelle est la « recette » ? De quoi a-t-on besoin pour construire sa vie adulte ?

Sans doute faut-il disposer de moyens pour s'orienter sur le territoire de cette partie de la vie. On a besoin d'avoir des cartes et des instruments de navigation. Il est nécessaire de connaître son point de départ et sa destination, de baliser le chemin à parcourir et, en plus, d'avoir une vision de sa route, de sa vie, qui fournisse une raison pour entreprendre et réaliser le voyage.

Mais où sont les cartes permettant de se repérer, de se retrouver sur le territoire de la vie, ce territoire dont personne ne possède *la* carte et qui se construit au fur et à mesure que l'on avance dans sa vie ? Quels sont les instruments de navigation ? Où se trouvent les guides et les aides pour indiquer une halte, ou un refuge quand on est perdu ? Depuis une trentaine d'années, la société a été le reflet de ce type de changement comme l'illustrent l'émergence de nouvelles professions, la recherche de guides pour faire le point, des demandes de bilan professionnel, des séances de coaching, de l'aide à la recherche d'emploi, des groupes d'entraide et de soutien dans tous les domaines ainsi que des groupes de développement personnel et professionnel traitant des sujets aussi divers que l'affirmation de soi, la gestion du stress, l'intelligence émotionnelle, l'auto-hypnose, l'Analyse Transactionnelle (AT), la Programmation Neuro-Linguistique (PNL), le Bonding, etc.

La plupart les personnes qui bénéficient de ces offres, de ces groupes, de ce type de travail sur soi sont en bonne santé mentale et physique. Leur demande n'est pas de faire une psychothérapie, mais de comprendre comment fonctionne leur vie. Ces personnes cherchent des moyens pour se retrouver dans la complexité des situations changeantes auxquelles il faut faire face ; elles veulent savoir comment passer d'une période de vie à une autre, comment prévoir et préparer la prochaine phase à venir.

VIVEZ DES CRISES D'IDENTITÉ MULTIPLES

Dans les générations précédentes, la rareté de la crise des 40 ans était suffisamment importante pour qu'on en faisse un objet de plaisanterie. Aujourd'hui, un individu peut vivre deux ou trois crises d'identité au cours de sa vie. Peut-être les prochaines générations vivront-elles une crise tous les 5 à 10 ans, si elles font le constat que le contexte accélère encore plus rapidement le changement et amène à ressentir de plus en plus fréquemment le besoin de se réévaluer, de se renouveler. À notre époque, le changement accru apporte beaucoup de confusion et de chaos. Néanmoins, ne pas accepter son époque, ne pas la comprendre, fait courir le risque de se perdre complètement.

En revanche, accepter que le monde soit ainsi fait, que cette tendance soit irréversible, apprendre à voir au-delà de l'instant, à avoir une vision du futur, à donner un sens à sa vie, pourra permettre d'assumer l'époque vécue d'une manière extrêmement excitante. Malheureusement, la tendance est d'avancer à reculons en tentant, vainement, d'éclairer son futur à la lumière du passé, en prenant ses marques sur le chemin parcouru et appui sur la connaissance de soi-même d'hier et d'avant-hier, de chercher à envisager l'avenir les yeux rivés sur le rétroviseur.

On a besoin d'avoir une vision et un projet de vie pour prévoir, non seulement ce qu'on veut faire, mais surtout ce qu'on veut être, et pour maîtriser le changement devant soi. De nouvelles cartes sont nécessaires pour se repérer sur le territoire de la vie.

ACCEPTEZ DE NOUVELLES PERSPECTIVES POUR CRÉER L'AVENIR

La vie change tellement vite ! Ce livre présente les concepts clés du « Renouveau de la Vie Adulte », le modèle du coaching du Dôjô. Organisé en une série de sept cartes visant à vous aider à vous situer sur le territoire de la vie et appuyé par des repères complémentaires, la « Formule Magique » et le Projet de Vie, servant à vous permettre de constater, mesurer, tenir compte de votre progrès et décider de votre cheminement, l'ensemble représente les « 9 bonnes façons » de construire votre vie adulte. Cette association de cartes et de repères vous servira de guide tout au long de cette aventure, bien au-delà de la lecture de cet ouvrage.

Nous vous invitons à lire ces « 9 bonnes façons », dans l'ordre que vous voulez, en gardant à l'esprit qu'elles visent toutes à faciliter la construction de votre vie adulte et la mise en place de votre projet de vie.

Prenez le temps de réfléchir sur tous les points de repère qui vous sont présentés. Mettez-vous en interaction avec ce que vous lisez, écrivez vos propres réflexions dans un cahier, comme si vous teniez un journal intime. La meilleure façon de construire votre vie adulte et d'élaborer votre « projet de vie » est de vous en occuper un peu tous les jours, au fur et à mesure, au fil du temps. Pour chaque repère présenté, pour chacune des « bonnes façons » proposées, concentrez-vous sur le concept exposé en prenant le temps de faire les exercices qui l'accompagnent.

Parlez avec votre compagne ou votre compagnon, discutez avec vos amis proches de ce que vous découvrez sur vous-même au cours de votre lecture, de manière à recevoir du feed-back, de la validation et des encouragements ; on ne vit pas en autarcie, leur retour est précieux pour vous aider à élaborer le plan du projet pour la prochaine phase, le prochain chapitre, de votre vie.

En effet, la notion qu'une vie se décline en phases, étapes ou chapitres est de toute actualité. Il fut un temps, considérer la vie comme « un long fleuve tranquille » était parfaitement recevable ; cette conception avait un sens puisque la vie se déroulait selon les règles et les normes prévisibles. Aujourd'hui, s'attendre à trouver des points de repère fixes est une démarche vouée à l'échec. La représentation de la vie en ligne droite ne restitue pas la richesse de l'expérience vécue. Une logique linéaire ne permet pas de rendre compte des cycles de changement récurrents, ces cycles analogues à ceux de veille et de sommeil sur une journée et à des saisons sur une année. La vie est par nature cyclique et évolutive. La meilleure image que nous en avons trouvée pour en tenir compte est celle d'un livre, d'un roman où, au fil des pages, d'un chapitre à l'autre, l'action se déroule selon une organisation propre à l'auteur. On peut dire que la vie est comme un grand ouvrage littéraire organisé en chapitres, chacun ayant un début, un milieu et une fin, et qui se développent pour raconter une partie de l'histoire. Pour cette raison, nous avons choisi de considérer des phases de la vie comme des « chapitres » de l'œuvre que l'on rédige au fur et à mesure.

SEPT CARTES ET UNE FORMULE MAGIQUE POUR UN PROJET DE VIE

Les points de repère dont vous avez besoin pour construire votre vie adulte et réaliser votre projet de vie s'organisent comme un jeu de cartes. Les voici dans l'ordre de présentation :

- les âges de la vie ;
- le cycle de changement ;
- la « Formule Magique » ;
- les valeurs fondamentales ;
- les aires de conscience ;
- les domaines de vie ;

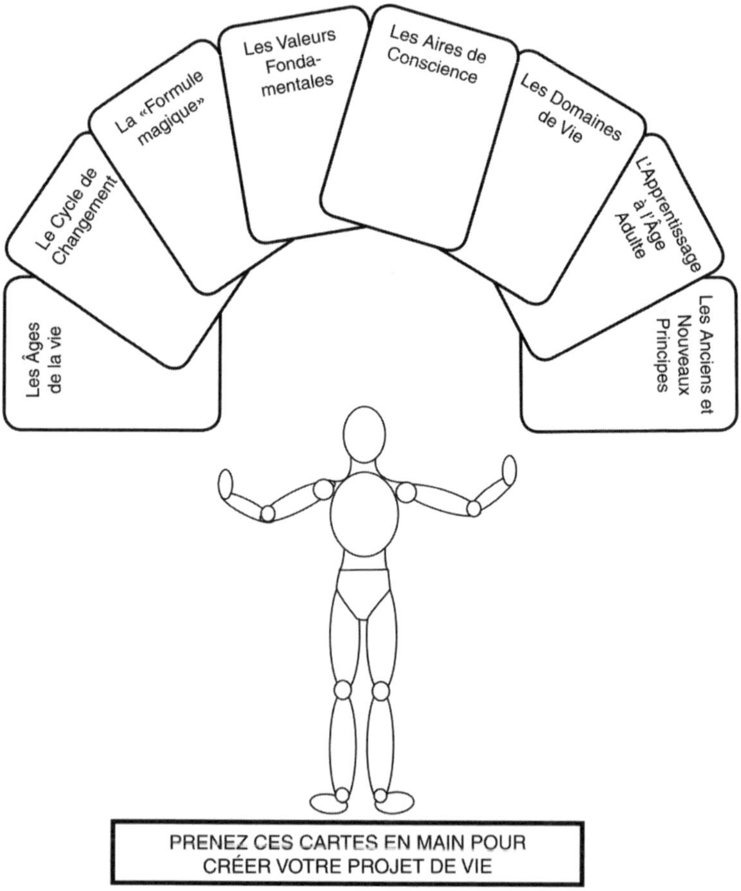

Figure 1 – Un jeu de cartes pour construire votre vie adulte

- l'apprentissage à l'âge adulte ;
- les anciens et les nouveaux principes ;
- le projet de vie.

Ce jeu de cartes représente une grille de lecture très utile pour faire le point et accompagner le changement nécessaire à la transition vers le prochain chapitre de votre vie. En mettant ces points de repère à profit, vous renforcerez la relation avec vous-même, forgerez une alliance puissante avec votre « coach interne » personnel et créerez une nouvelle vision de vous-même et de votre avenir permettant de construire votre vie adulte et réaliser votre projet de vie.

Les âges de la vie

Vivez votre âge à tous les âges de la vie. Voici l'invitation qui vous est faite dès à présent. Effectivement, cette carte traite des cycles de vie à l'âge adulte. En présentant les chemins d'évolution entre 17 et 97 ans, elle indique les tâches de développement spécifiques qui doivent être réalisées pour bien vivre chaque décade. En soulignant les activités typiques de chaque décennie, elle encourage le choix des meilleurs moyens pour grandir et se développer. En évoquant les stades de développement prévisibles que traverse un adulte à partir de 17 ans, elle propose des options pour vivre le mieux possible à tous les âges de la vie.

Le cycle de changement

Faites vos alliés de tout ce qui vous arrive et du changement. Telle est la proposition de cette carte essentielle qui vous invite à prendre conscience de la nature cyclique de la vie. Avec des « hauts » et des « bas », des « sommets » et des « vallées », la vie aujourd'hui n'a rien de linéaire ; elle est cyclique. Cette carte schématise et démontre le passage, phase par phase, étape par étape, que parcourt tout organisme vivant – individu, groupe, équipe, entreprise, nation..., au cours de son existence. En apprenant à apprécier le cycle de changement, à mesurer et respecter ses phases et ses étapes, vous disposerez de moyens efficaces pour planifier et organiser votre projet de vie.

La « Formule Magique »

« Conjuguez la “Formule Magique !” au passé, au présent, à l'avenir » vous intime cet écrit.

La « Formule Magique » relève bien du sens commun : garder et valoriser ce qu'il est bon de garder ; lâcher, éliminer, ce qui ne vous sert plus, voire, vous entrave ; étreindre, embrasser, entreprendre de nouveau et bouger votre vie. Pour ne pas rester assis sur le meilleur de soi-même, il faut oser secouer ses habitudes, en faire le tri, trouver de nouvelles façons d'être et de faire pour construire la vie dont on rêve.

Les valeurs fondamentales

Réévaluez et réactualisez vos valeurs pour entretenir l'essentiel. Ces propos sont radicaux dans le sens premier du terme ; vos valeurs font partie de ce qui vous enracine. Prendre contact avec ce qui compte le plus pour vous à ce moment de votre vie et vivre en cohérence avec, voilà la proposition de cette carte.

Vos valeurs fondamentales vous fourniront la boussole pour le voyage que vous allez entreprendre. Vivre en phase avec ses valeurs permet de se sentir vivant, d'être en contact avec sa mission et en phase avec soi-même. De cette façon coule de source le geste de définir clairement vos buts et vos objectifs pour le prochain chapitre de votre vie.

Les aires de conscience

Ayez conscience de vous et de votre environnement. Vaste programme, dites-vous ? Et pourtant, cette carte présente les aires de conscience, les sphères de l'expérience humaine permettant de tenir compte de tout ce que l'on vit à chaque instant, y compris ses identités de rôles répondant à la question incontournable : « Qui êtes-vous face à moi ? ».

Dans toute démarche d'apprentissage, de communication et de changement, il existe des classifications hiérarchisées d'informations. Il importe de reconnaître et de respecter ces hiérarchies, faute de quoi, la confusion et l'incongruence seront au rendez-vous. Les aires de conscience s'organisent en un système et renseignent sur la manière dont ses composantes – l'environnement, les comportements, les capacités, les attitudes, les valeurs et croyances, les identités de rôles, l'identité intégrée – s'influencent mutuellement dans des configurations qui permettent à chaque aire d'avoir un impact sur tout ou partie de l'ensemble. Elles permettent de prendre conscience de ce qui s'impose à la perception, exigeant que l'on le traite, dans l'ici et maintenant de la situation présente.

Les domaines de vie

Harmonisez vos investissements énergétiques et émotionnels en équilibrant vos domaines de vie. Voilà l'invitation quelque peu ambitieuse qui vous est faite par cette carte qui aide à identifier la distribution des activités et des engagements les plus importants pour le prochain chapitre de votre vie.

Elle vous propose en effet de relier vos passions, vos valeurs et vos buts à vos activités quotidiennes. Elle montre également comment évaluer vos priorités pour chacune de vos identités de rôle et de les organiser afin de créer un équilibre dans l'ensemble. Pour être équilibré, on doit prêter attention à la façon dont on organise le temps consacré à chacun de ses domaines de vie. Dans cette optique, il est nécessaire de regarder de près ses

« lieux de vie », là où on passe son temps, les activités réalisées, et la satisfaction retirée, ce à quoi vous êtes invité ici.

L'apprentissage à l'âge adulte

Apprenez à apprendre et à désapprendre toute votre vie. Voici la tâche à laquelle vous convie cette nouvelle carte. Apprendre est la tâche principale des adultes aujourd'hui. Mais elle n'est pas la seule. Si la capacité à acquérir et à assimiler les informations mises à disposition reste essentielle, savoir trouver des informations est aussi de toute actualité. Avoir accès rapidement aux informations dont on a besoin est indispensable et cela s'apprend, comme tant d'autres compétences, d'ailleurs.

Bien entendu, pour apprécier cette nouvelle donne et vivre bien avec, vous avez également besoin d'apprendre et de désapprendre un certain nombre de réflexes anciens, familiers, habituels. En effet, pour bien vivre le futur, nous avons tous besoin d'apprendre à apprendre, d'apprendre à désapprendre et d'apprendre de nouveau. Comment faire ? Ce chapitre vous apporte des réponses.

Les anciens et les nouveaux principes

Revivifiez régulièrement vos principes de vie. Voici un nouveau principe à mettre à l'épreuve, n'est-ce pas ? Et comment fait-on cela ? En le vivant, en le mettant en œuvre tout simplement. Puisque nous connaissons tous des « règles de vie », des principes d'après lesquels nous avons été élevés et avons vécu pendant notre enfance.

Ce n'est pas parce que nous sommes devenus adultes et que nous pouvons choisir notre mode de vie que ces mêmes principes ont perdu de leur force, bien au contraire, paradoxalement. Dans ce chapitre, nous vous invitons à identifier les principes, anciens et nouveaux, à l'œuvre dans votre vie, afin de les apprécier à leur juste valeur et à les reconsidérer le moment venu.

Le projet de vie

Soyez visionnaires pour vous-même ; rêvez votre projet et projetez vos rêves dans votre vie. Dans ce chapitre, l'invitation à construire votre vie adulte se poursuit. Vous avez décidé de vous changer la vie un peu, beaucoup, passionnément, et voilà qui achève cet ouvrage en mettant en relief sa finalité : votre projet de vie. Car il s'agit bien de cela : rêver un rêve, projeter un projet et vivre votre vie.

Bien plus qu'une série d'objectifs à atteindre, un projet de vie intègre une vision de ce que l'on veut vivre dans un avenir assez proche et pour un temps plus ou moins long. La dynamique essentielle à sa construction correspond à certains critères exposés ici. En les respectant, vous saisirez l'opportunité de mettre les touches finales au projet que vous réaliserez pendant le prochain chapitre de votre vie.

1

VIVEZ VOTRE ÂGE

Bonne façon n° 1 : profitez du moment présent

QUEL ÂGE AVEZ-VOUS ? Cette question tellement (im)pertinente, représente une piste de réflexion incontournable lorsqu'on veut réussir sa vie.

L'existence des stades de développement chez l'enfant est un concept admis depuis longtemps. Ce parcours, largement balisé dans de multiples ouvrages, permet aux parents de constater si le développement est harmonieux ou non. Plus récemment, après la Seconde Guerre mondiale, des travaux sur le développement des adolescents ont vu le jour en soulignant que cette période ne représentait pas une sorte d'enfance prolongée mais bel et bien une nouvelle ère de vie. Les toutes dernières recherches portent sur une phase intermédiaire, entre l'adolescence et l'âge adulte. La jeune personne de 17 à 20 ans étant considérée soit « post-adolescent » ou bien « pré-adulte ». Ces deux appellations, aussi malheureuses l'une que l'autre, illustrent bien les enjeux de cette phase difficile à cerner et plutôt courte qui est suivie d'une autre que nous souhaitons tous bien longue : la vie adulte.

Parlons justement des adultes. En fait, ce n'est que depuis une vingtaine d'années que l'âge adulte a droit de cité dans les centres d'intérêt des chercheurs sur l'humain, et ces recherches s'avèrent fructueuses.

On le sait déjà empiriquement : à 40 ans, on n'est pas la même personne qu'à 30 ans et encore moins qu'à 20, mais quel soulagement de voir ses hypothèses validées, de trouver des explications à son vécu ainsi que des ébauches de réponses à ses interrogations. On affronte plusieurs « crises d'identité » au cours du développement en tant qu'adulte, chacune avec sa spécificité. On peut les vivre comme autant de rites de passage qui permettent, d'une part, de profiter de l'âge que l'on a et, d'autre part, de se préparer à vivre les âges à venir.

LES CYCLES DE VIE DE 17 À 97 ANS

Cette première carte offre des points de repère sur le chemin de la vie adulte. Elle présente les chemins d'évolution entre 17 et 97 ans, au moins. En plus des changements cycliques que chacun connaît et vit, on traverse également des cycles de développement, des étapes de croissance correspondant aux différents âges de la vie, des cycles et étapes identifiables et prévisibles. Chaque personne va les aménager selon son type de personnalité, selon ses valeurs du moment, et selon sa vision du monde.

Comprendre le développement de l'adulte, c'est mieux comprendre la cohérence avec son propre cycle, ses différentes étapes de croissance. Ce développement ne suit pas des moments exacts, prédéterminés, mais il est intéressant de le concevoir en termes de décades. Un cycle de vie dure entre 8 et 12 ans environ, ce qui correspond à peu près aux décades de la vie. Chaque décade est une étape et, bien que les passages d'une étape à l'autre soient des périodes de vulnérabilité, ils offrent la possibilité de développer de nouvelles forces, servent de sources d'expérience et offrent des opportunités de croissance enrichissantes.

Pendant longtemps, les chercheurs en sciences humaines nous donnaient l'impression qu'il n'existait que 4 stades de développement selon les âges de la vie : les stades de l'enfance, de l'adolescence, de l'adulte et de la vieillesse. Tout se déroulait comme si, passé le stade de l'adolescence, on devenait adulte et que ce stade représentait un état stable et durable. Mais plus récemment, on s'est rendu compte qu'il y avait des étapes de développement de l'adulte analogues aux stades de développement de l'enfant et de l'adolescent.

Au fil du temps, il est bien évident également que l'on n'avance pas à rebours à travers le temps, en envisageant le futur, au regard du passé. Si vous avez 40 ou 50 ans, vous ne voyez plus la vie comme lorsque vous aviez 20 ou 30 ans, et que vous n'envisagez pas votre vie à 60 ou 70 ans comme votre vie actuelle.

Chaque décade est une étape qui invite à reconsidérer son futur ; c'est une confrontation avec soi-même, qui entraîne vers un changement de perspective, un choix entre deux façons d'envisager la vie.

Si le choix que l'on fait est adapté aux nouvelles exigences de l'âge en question, le développement se poursuit et on dispose de l'énergie nécessaire pour aborder l'étape suivante. Si, au contraire, on fait un mauvais choix, on se crée des problèmes, on gaspille de l'énergie et on est amoindri, voire épuisé, pour aborder l'étape suivante.

Avant d'examiner chaque décade en détail, il est important d'avoir une vision globale de la carte des âges de la vie.

Ce que comprennent les personnes qui ont fait le choix de vivre en accord avec chaque décade, c'est que vieillir n'est pas une sorte de déclin, mais plutôt une négociation permanente avec soi-même.

Les neuf étapes importantes du développement à l'âge adulte

- 17 à 20 ans – transiter
- 20 à 30 ans – démarrer
- 30 à 40 ans – y arriver
- 40 à 50 ans – devenir responsable
- 50 à 60 ans – apprécier la qualité de la vie
- 60 à 70 ans – réussir la retraite et le recommencement
- 70 à 80 ans – vivre la sagesse, promouvoir le mentoring, recueillir les bienfaits de la vie
- 80 à 90 ans – rester engagé, simplifier la vie
- 90 ans et plus – faire preuve d'authenticité et de générosité, vivre jusqu'à la fin

Les jeunes adultes ont tendance à percevoir les adultes plus âgés comme de vieilles personnes, souvent un peu radoteuses, qui refusent le progrès, les technologies et les idées « modernes », toujours en retard ou réticentes par rapport au changement. Et, il faut bien reconnaître que, dans notre société actuelle, on ne voit pas le vieillissement comme quelque chose de positif. Alors que dans d'autres cultures orientales ou africaines, devenir plus âgé est un bien, une étape vers la sagesse.

Dans la « tribu » occidentale dont nous faisons partie, on a tendance à percevoir, à juger le vieillissement comme une perte. La croyance générale est que, entre 30 et 40 ans, on est en pleine possession de ses moyens alors qu'on entame ensuite une pente descendante jusqu'à 50 ans où, si on n'a pas réussi sa vie, tout est fini.

Certains ne partagent pas du tout cette croyance. Ils se rendent compte que vieillir n'implique pas une perte absolue, mais une réactualisation permanente de leur vie. Certes, on perd certaines choses, mais on en gagne beaucoup d'autres. Cette perspective aide à vivre au mieux chaque étape de la vie.

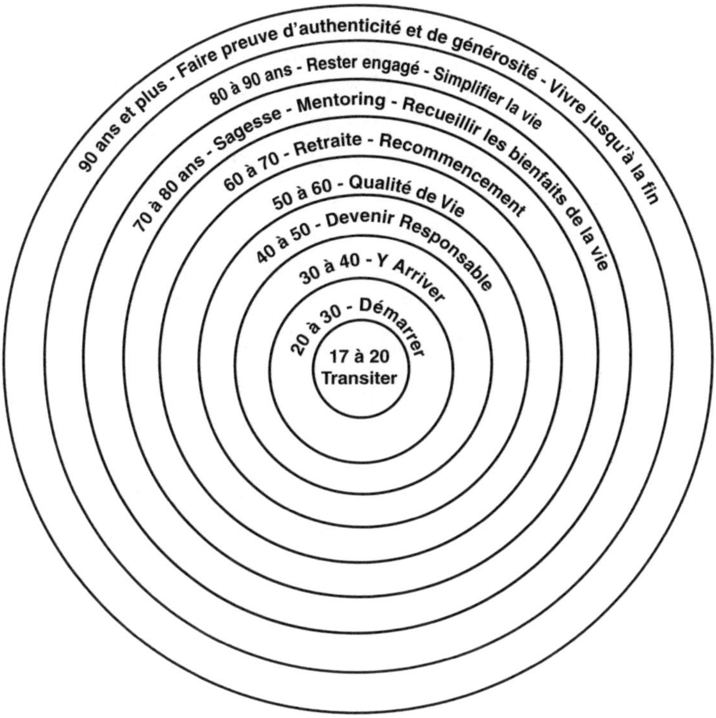

Figure 2 – Les âges de la vie : de 17 à 97 ans et plus si affinités !

VIVRE MIEUX CHAQUE DÉCADE

Les personnes qui ont su vivre harmonieusement plusieurs décades sont en mesure de fournir des renseignements sur les choses, les tâches particulières que l'on peut faire, et sur les vieilles croyances à abandonner.

La première tâche à accomplir consiste à démystifier le vieillissement. *Il n'y a aucune raison de se conformer à des stéréotypes liés à l'âge.* Il s'agit de planifier sa vie et de la vivre tout simplement, quel que soit son âge.

La vraie mesure de la vie n'est pas liée à l'âge. La question n'est pas de vouloir rester jeune à tout prix, de refuser de vieillir. La vraie question c'est : *Désirons-nous rester en relation avec le fait de devenir une personne complète, en contact avec son identité intégrée ?* Comme le dit Abraham Maslow[1] : « Ce que l'homme peut faire, il doit le faire. C'est le besoin d'actualisation de soi. Cette tendance est un désir de devenir de plus en plus ce que l'homme est capable de devenir. » Cela revient à dire que chacun est unique, que la motivation première doit être de réaliser son potentiel et de faire fructifier ses talents. Pour cela, on doit accepter la responsabilité de se connaître et de devenir ce que l'on doit devenir. L'âge n'a pas grand-chose à faire là-dedans.

La deuxième tâche à réaliser consiste à *adopter un modèle de croissance permanente.* Ceci inclut la construction d'une représentation de soi-même se développant de façon continue sans arriver inévitablement à un déclin prévisible à partir d'un certain âge. Chacun évolue à son rythme, à sa façon. Que l'on se focalise sur ses propres valeurs, ses priorités et ses engagements dans sa décade actuelle, pour formuler son projet pour le prochain chapitre de sa vie.

Certaines valeurs, certains engagements que l'on estime essentiels à un âge donné perdent de leur importance au fur et à mesure qu'avance la vie, alors que d'autres gagnent en importance. La force et les attributs physiques déclinent, se dégradent avec le temps alors que la force intérieure et la vitalité spirituelle augmentent. On ajoute toujours quelque chose à son développement, à sa plénitude en tant qu'être humain.

1. Maslow, A., *Vers une psychologie de l'être,* Fayard, 1972.

Le défi lancé par le passage d'une décennie à une autre est de montrer, alors que l'on vieillit, comment on ne peut que s'épanouir, augmenter en résistance et en capacité à rebondir. La vérité est que l'on change tout au long de sa vie, on troque des qualités, contre d'autres qualités, des avantages et des inconvénients, contre d'autres avantages et d'autres inconvénients. Il est faux de penser que l'on s'améliore ou que l'on empire en prenant de l'âge, non, simplement on change. On doit comprendre les avantages des années qu'il reste à vivre et de quelle manière les maximaliser. Plus on connaît les possibilités offertes par les années à venir, moins on aura peur de s'engager dans l'avenir. Plus on prend conscience de ces possibilités, plus on augmente la probabilité de s'engager sur le chemin du futur avec enthousiasme, tout comme on l'a fait plus jeune. Cette carte ouvre le chemin de ces possibilités.

La troisième tâche est de recueillir autant d'informations spécifiques que l'on peut sur la prochaine décade. On peut alors se faire une idée de ce que sera cette prochaine décade avant d'y être complètement. Une des possibilités est d'avoir un ami du même sexe, de 10 ans votre aîné, un ami ou un coach, qui, dans la relation que vous avez avec lui, vous racontera ce que cela lui fait d'être plus âgé, ce qu'il (ou elle) a dû troquer, les compromis qu'il a dû réaliser, les abandons qu'il a dû faire et les nouvelles ressources qu'il a découvertes. Soyez attentifs au choix de cette personne, prenez une personne vivante, attractive, quelqu'un que vous admirez. Parfois les frères ou sœurs plus âgés peuvent jouer ce rôle et vous montrer le chemin. C'est important d'avoir un ami plus âgé qui vous montre ce que signifie être dans l'autre décennie.

Il est également important d'avoir une représentation de ce que sera sa vie dans 10 ans, de se construire une image mentale de la manière dont on pense que sa vie va s'organiser d'ici 10 ans, de créer un équilibre entre « être » et « devenir ». Se fixer des objectifs et donner un sens à sa vie, ce n'est pas seulement vivre sa vie de maintenant, c'est aussi avoir une vision de ce que l'on veut faire et être demain. Il est de loin préférable de créer son propre avenir, que de se retrouver un jour devant lui. Il appartient à chacun de penser ce que sera sa vie pour des dix années à venir, de garder à l'esprit quelles seront ses activités principales. *Quel type d'amis avez-vous envie d'avoir dans 5 ans ou 10 ans ? Quelles différences et quelles similitudes souhaitez-vous dans vos activités professionnelles, dans votre carrière ? Souvent les loisirs changent d'une décennie à l'autre. Alors quels seront les vôtres, comment seront-ils organisés ? Comment sera votre vie amoureuse ? Quelles seront vos relations d'intimité ? Quelle contribution voulez-vous apporter à votre vie sociale, à la société ?* Il ne s'agit pas d'être obsédé par son avenir, mais de prendre son pouls de temps en temps ; de telles questions aident à vérifier où l'on en est.

Voici maintenant un petit voyage dans chaque décennie. En effet, on ne passe généralement pas de manière abrupte d'une décennie à l'autre. Les transitions, les changements se font subtilement et prennent du temps. Un problème courant consiste à trop séparer les décennies et à imaginer le passage de l'une à l'autre comme un changement brutal. C'est vrai que lorsque ces changements sont abrupts, on peut avoir l'impression d'avoir reçu l'ordre de changer immédiatement comme si on se retrouvait face à un mur que l'on devait escalader sans aucune préparation. Cela est d'autant plus vrai si on n'a pas réfléchi et organisé son avenir.

LES DROITS ET DEVOIRS À TOUS LES ÂGES DE LA VIE

Quel que soit l'âge, on est sensible aux attentes des autres. Et on a aussi des « exigences » vis-à-vis de soi-même, exigences qui évoluent et changent avec l'âge. En fait, ces « exigences » sont plutôt des invitations que l'on se fait à soi-même pour encourager sa croissance. Les « devoirs » que l'on se doit d'accomplir sont des tâches de développement à réaliser pour continuer à grandir.

Reprenons les étapes importantes de la vie adulte. Hormis la première, de 17 à 20 ans, elles ont toutes une durée d'environ 10 ans. Chacune apporte son lot de transformations et d'aménagements qui engendrent, parfois, une crise identitaire. En effet, la crise du mitan de vie n'est pas la seule à laquelle on est confronté ; on peut, potentiellement, en traverser une tous les dix ans, mais ce n'est pas une obligation.

Voici quelques détails sur les tâches de développement qui se présentent lors d'un changement de décennie :

17 à 20 ans : Transiter

Cette période transitionnelle n'a rien de simple. Elle est en effet la première transition que l'on est amené à vivre, et pour laquelle sans conteste, on est le moins armé, le moins préparé. Les personnes de cet âge ont souvent le sentiment d'être assises entre deux chaises, et pour cause. Les « post-ados » ou « pré-adultes », car les termes varient selon l'auteur, se trouvent confrontés à une énigme insoluble à laquelle ils doivent toutefois répondre : comment partir et arriver en même temps ?

En effet, comment quitter le monde de l'enfance et débarquer dans celui des adultes ? Et ceci de façon conjointe. Car, bien que cette phase transitionnelle soit circonscrite, définie, avec un début, un milieu et une fin, ces deux exigences d'abandonner *et* d'aborder deux univers distincts existent de façon concomitante. En plus, la tâche de développement liée à cet âge, et la manière dont elle est prise en charge auront une influence sur la suite du développement de la vie adulte.

À ce moment de la vie, les règles, injonctions et autres ultimatums parentaux, sociaux ou scolaires sont pesants et omniprésents. Les aînés qui expriment leur peur que la jeune personne ne décroche pas son bac, un stage en milieu professionnel, ne réussisse pas son concours de prépa, ne trouve pas une entreprise où servir d'apprenti, ne prenne pas la « bonne » voie, ne suit pas la filière adéquate, ne soit pas acceptée dans la branche des études visées… ; la liste des inquiétudes est longue, voire interminable, et lassante.

L'indépendance réelle semble bien loin, et pourtant, on dirait que tout le monde n'attend qu'une chose : que le jeune décampe, quitte la famille, déclare son indépendance, prenne son autonomie et vive enfin sa vie.

Les tâches de développement propres à cet âge sont effectivement de dire adieu à l'enfance et de rentrer dans le monde des adultes. On a besoin de se laisser du temps, de laisser le temps au temps dans cette phase d'entre deux mondes, deux logiques, deux identités singulières pour aménager cette transition fondatrice. On a besoin de confiance aussi, autant celle des parents, des professeurs et des amis que la confiance que l'on s'accorde à soi-même pour mener à bien ce projet novateur de devenir jeune adulte.

20 à 30 ans : Démarrer

C'est le début de la « vraie » vie adulte. C'est le moment où l'on quitte effectivement le foyer familial, où l'on commence à vivre son indépendance financière, affective et sociale. C'est aussi une grande période d'expérimentation de ce que pourrait bien être une vie « d'adulte ». Il est important à cet âge de faire des découvertes, d'explorer, de manière à ne pas saisir tout de suite la première opportunité comme si elle était la dernière, comme si aucune autre ne se présenterait.

C'est « l'âge velcro », l'âge où le jeune s'autorise à faire des expériences, à explorer, à essayer et à apprendre les compétences de base d'une vie autonome. Les personnes de cet âge-ci « jouent » plutôt à être adultes, sans prendre trop au sérieux leur situation, ce qui peut faciliter l'apprentissage des compétences requises pour devenir effectivement adulte. Après tout, on n'a pas toujours 20 ans, sauf dans son esprit.

Ce passage redoutable, nécessaire à la maturation, ne se fait pas sans heurts. Il commence souvent par le départ du foyer familial, ce qui, malgré des séjours en colonie de vacances, voyages d'études à l'étranger ou autres expériences hors du cocon, n'est pas toujours une séparation facile.

Le jeune adulte est plus sûr de ce qu'il est que de qui il est. C'est une crise d'identité importante et ceux qui ne trouvent pas comment satisfaire leurs besoins d'autonomie, qui ne réussissent pas à quitter leur famille pour devenir des individus indépendants se trouveront obligés de le faire plus tard. Cette crise, comme toutes les autres, doit être résolue. Si on évite de gérer une transition, elle ne cesse pas d'exister pour autant. Elle refera surface pour réclamer toute notre attention plus tard, à un moment de la vie où les décisions seront beaucoup plus difficiles à prendre, où la crise sera plus forte, plus profonde encore.

Des choix importants sont à faire tant sur le plan affectif que professionnel. Des personnes de cet âge sont portées par le désir de s'engager profondément, voire définitivement, dans une relation affective et dans le choix d'une carrière, en même temps qu'elles ressentent le besoin de garder ouvertes des portes de sortie.

Dès le début de cette décennie, on a besoin de se concentrer pour trouver son identité. La tâche à laquelle on est confronté à ce moment de la vie est de trouver, voire de créer, la cohérence dans sa propre identité, d'apprendre à maintenir des relations affectives stables, des amitiés adultes, de chercher et de vivre des situations qui facilitent sa quête d'identité.

30 à 40 ans : Y arriver

C'est la décennie de la dernière chance, d'après certains, le moment où il faut tout réussir pour « y arriver ». Les trentenaires ne font plus semblant d'être adultes ; ils prennent la situation très au sérieux, comme si leur vie entière en dépendait. En fait, ce n'est qu'un peu plus tard, avec le temps qui passe, qu'ils réalisent qu'il est possible que le temps soit un partenaire et pas un adversaire.

En effet, à l'approche de la trentaine, une nouvelle remise en question surgit. La phase d'exploration est terminée, on commence à prendre des décisions tout seul, pour soi-même et par soi-même. On sent le besoin de réviser ses engagements, pour affirmer et renforcer certains, en abandonner d'autres et en chercher de nouveaux.

La quête d'une identité adulte continue ; on se demande encore qui on est, réellement. Les réponses sont directes et tranchées : « Je suis adulte. Je dois prendre des décisions tout seul ; personne ne peut les prendre à ma place et si je rate ce tournant, j'ai raté ma vie. »

On constate que le temps passe, ce qui accroît le sentiment que l'on doit prendre les bonnes décisions maintenant, car à 40 ans, il sera trop tard. À 30 ans, on est plein d'énergie, on veut réaliser des choses. On prend des décisions essentielles touchant à la carrière professionnelle et à sa vie intime : faut-il se marier, fonder une famille, changer de job, investir à fond dans sa carrière ? En plus, dirait-on, l'horloge biologique marche plus vite à cet âge. On sent le besoin de s'installer, d'acheter une maison, un appartement, de s'établir dans la communauté sociale à laquelle on appartient, de décider des investissements et bien sûr d'avoir ou non des enfants.

Bien que les trentenaires se reconnaissent adultes, les parents, avec leurs opinions, attentes souhaits, désirs..., restent des modèles de référence ; on n'est pas encore aussi autonome que l'on voudrait, et que l'on se sent obligé de le croire.

Cette décennie s'accompagne souvent d'un passage difficile. On fait le constat du vieillissement ; on remarque que, selon les statistiques, on a déjà pratiquement la moitié de la vie derrière soi. On se sent obligé de réviser ses valeurs, ses buts. On vit sous la pression car on doit prendre les « bonnes » décisions, les décisions qui façonneront la suite de l'existence ; et, de plus, il faut que les choses se passent d'une certaine manière. On prend conscience que l'on n'est plus en train de jouer à l'adulte, qu'on est devenu adulte pour de bon, et qu'il faut orienter ses énergies dans ce sens à présent et penser à l'avenir.

Bien entendu, pour certains, c'est une transition simple, où ils approfondissent leurs engagements ; pour d'autres c'est plus difficile. Les orientations changent, les promesses du cycle précédent n'ont plus cours, les abandons font place à de nouveaux engagements, les rêves se transforment en objectifs plus réalistes.

Il est bon de se rappeler qu'à 30 ans, la date butoir n'est pas 40 ans, qu'il n'y a pas de date butoir de toute façon, même s'il est facile à cet âge d'avoir cette impression. Peut-être restera-il encore un siècle à vivre ? Nul ne le sait. Néanmoins, à 30 ans on ne pense pas à ça, on ne s'en rend pas compte ; on est pressé.

40 à 50 ans – Devenir responsable

Avec le passage à la quarantaine arrive la grande transition du mitan de la vie. Elle s'accompagne typiquement d'une prise de conscience quant à sa responsabilité vis-à-vis de soi-même, des autres et du monde. La sagesse populaire dit que l'on vit les 40 premières années de sa vie pour ses parents et celles qui restent pour soi.

« Je suis responsable de moi », pourrait être la devise des personnes de cet âge car, bien qu'elles ressentent et endossent des responsabilités diverses relevant de tous les domaines de vie, le domaine personnel prend de l'ampleur. Le constat que le temps restant à vivre est plus court que le temps déjà vécu crée aussi une urgence.

Il est vrai que lorsqu'on pense à cette crise-ci, on a tendance à penser qu'il s'agit de quelque chose d'abrupt et de catastrophique, comme si aujourd'hui à midi, on allait changer complètement de vie, comme si on allait devenir un égoïste absolu sans égard pour autrui. Il n'en est rien, la plupart du temps. Néanmoins, c'est un moment de questionnement et de remaniement. Deux grandes options se présentent. Soit on trouve une stabilité dynamique et enrichissante permettant de donner un nouveau sens à sa vie et de continuer à se développer, soit, si on n'a pas su, ou pas eu le courage de faire face aux crises antérieures et que l'on n'a pas effectué les choix qui s'imposaient pour les résoudre, cet âge peut devenir celui de la résignation et de l'inertie conduisant à un vieillissement précoce.

Dans tous les cas, un changement très important a lieu à ce moment-là. On prend beaucoup plus conscience de soi-même lors de cette transition. Au lieu de privilégier des buts extérieurs imposés par les autres ou de faire des acquisitions pour ressembler à tout le monde, on se centre davantage sur la simplicité, la recherche d'un enrichissement intérieur.

Souvent, c'est l'occasion d'un bilan dans la vie des couples. Se pose alors la question de comment établir une meilleure relation ou comment changer la structure du couple. Traditionnellement, les hommes ont beaucoup investi dans leur carrière professionnelle et ils se rendent compte que s'engager encore plus dans cette voie ne leur donnera pas le bonheur qu'ils attendent. Ils commencent à se préoccuper davantage d'avoir des relations d'intimité, de passer plus de temps de qualité avec leur compagne et leurs enfants, d'avoir des loisirs. Ce changement se retrouve aussi chez les femmes, surtout celles qui ont tout investi dans leur famille et dans l'aide apportée à leurs époux pour qu'ils réussissent professionnellement. Elles ont envie de découvrir le monde, de voir et de faire des choses, d'entreprendre ou de reprendre une activité professionnelle, de sortir de la maison et de la routine.

La quête de cet âge est l'autonomie – et la prise d'autonomie n'est pas gratuite. On peut expérimenter des conflits graves avec l'entourage personnel, professionnel, familial lorsqu'on revendique les transformations et opère les réajustements nécessaires. Pour devenir autonome, il faut accepter de faire des abandons et, si on accepte de s'engager dans ce processus, on découvre davantage son identité profonde ainsi que la puissance de ses valeurs, l'importance d'apporter de la qualité dans sa vie, et l'acceptation des cycles de vie en tant que processus positif d'évolution.

Profiter pleinement de cette décade consiste à acquérir davantage de compétences. Si on ne veut pas ne pas se retrouver face à l'interrogation : « À quoi bon tout ça ? », on doit donner un sens à sa vie, faire plus attention aux personnes avec lesquelles on passe du temps, être plus attentif à ce qui est important pour soi et augmenter la qualité dans tous ses domaines de vie, ce qui est la tâche de développement de la prochaine décennie.

50 à 60 ans : Qualité de la vie

C'est la période de la vie qui est souvent décrite comme la plus agréable par ceux qui la vivent, et pour cause. Les personnes de cet âge ne sont pas devenues plus égoïstes ; elles ont pris davantage conscience du temps qui passe et du fait que les opportunités offertes sont à saisir : *carpe diem*[1] !

Si on a pris soin de sa santé, 50 ans est toujours un moment où l'on se sent plein d'énergie. On ne se sent pas vieux, on a envie de faire des choses, de profiter de la vie. Le temps est passé où l'on avait envie de s'installer, de laisser sa marque sur le monde, de prouver des choses aux autres et à soi-même. Maintenant, l'envie est de trouver de nouvelles options pour profiter de la vie, au lieu de vivre pour construire l'avenir.

La cinquantaine représente une période où la conscience que la vie mérite d'être vécue est aiguë ; on veut développer des comportements qui permettent d'en profiter pleinement, en se focalisant sur l'ici et maintenant. On apprend à s'affirmer avec aisance, à faire des compromis, à négocier et à gérer les conflits, à développer un contentement intérieur, une satisfaction intériorisée de la vie.

C'est l'époque de la vie où sont approfondies les relations qui deviennent plus intimes. On se laisse être plus proche ; les amis deviennent importants, on leur montre davantage d'affection.

Dans la cinquantaine, on se doit d'être un modèle en augmentant l'influence, non plus active, mais passive. Il est important de prendre du temps pour s'engager davantage dans le domaine social, d'être présent pour la communauté, de se créer un emploi du temps souple, avec des engagements qui donnent du sens à sa vie.

On peut également, si ce n'était pas le cas avant, s'intéresser à l'art, à la littérature. Non seulement pour le plaisir que l'on peut en retirer, mais aussi pour l'approfondissement, la sagesse que cela apporte. La cinquantaine, c'est la

---

1. *Carpe diem, quam minimum credula postero* : « Cueille le jour, sans te fier le moins du monde au lendemain. » (Horace, cité par Michel Onfray dans Théorie du corps amoureux, Grasset, 2000.)

décennie où l'on se tourne vers la sagesse plus que vers la connaissance.

60 à 70 ans : Retraite et recommencement

La transition vers la soixantaine est, en général, celle de la préparation à la retraite, où on envisage de déménager ou du moins de créer un nouvel environnement. On prend conscience que la vie passe plus vite, comme si elle commençait à s'étioler. On réfléchit sur les années à venir, qui restent à vivre. Bien que la retraite soit souvent pensée comme une mise à l'écart, arrivé à la soixantaine, on veut recommencer, avec toute l'expérience des années passées. Tant de choses restent encore à faire.

Si les finances et la santé sont bonnes à cet âge, il se peut que la soixantaine soit une des meilleures décennies de la vie adulte, une période où on peut faire ce que l'on a envie et devenir qui on souhaite être.

À notre époque, peu nombreux sont les sexagénaires qui ont la sensation d'être vieux et usés. On cherche plutôt comment vivre agréablement la suite ; comme un bon vin, on a la sensation de se bonifier avec le temps, d'être à la recherche d'une nouvelle qualité de vie. Avoir soixante ans, c'est s'engager dans un recommencement avec davantage d'expérience, un plan financier stable et des ressources sociales, pour à la fois profiter et faire profiter les autres de son expérience et approfondir le voyage attendu.

Dans cette période de la vie, il est essentiel d'avoir une vision et de rêver à nouveau. Dans cette transition, on peut choisir deux voies : soit terminer sa vie et mourir, ou bien construire un rêve et le réaliser pour donner du sens à sa vie. Vivre dans cette décennie, c'est expérimenter le désir de devenir coach, mentor, parrain, guide, de partager ses expériences personnelles et professionnelles, plus particulièrement avec ses enfants, eux-mêmes adultes, ou ses petits-enfants, encore enfants ou jeunes adolescents. On souhaite que son expérience, en particulier l'expérience professionnelle, puisse profiter aux générations à venir, surtout aux jeunes adultes qui ont choisi la même spécialisation.

Deux points peuvent rendre difficile l'entrée dans cette décennie. L'un concerne les problèmes physiques : on perd une partie des capacités physiques, on est moins résistant. Progressivement, même en étant en bonne santé, on se sent moins en forme ; arrivent des petites douleurs, de légers malaises. Même si on continue à faire du sport, on n'a plus la même résistance, on récupère beaucoup moins vite, on doit s'habituer à un nouveau rythme d'activité physique.

L'autre point clé est de trouver sa propre essence, de faire le bilan de ses relations, d'approfondir l'intimité dans les amitiés ; les liens avec les autres sont aussi importants à cet âge qu'à tout autre.

Faire du sport, de l'exercice, donne de l'énergie. Avoir une activité intellectuelle, lire, voyager, suivre une formation, faire tout ce que l'on trouve intéressant est source d'enrichissement et de vitalité physique. Il n'existe que deux choix : soit se laisser aller et dégringoler, soit avoir un rêve, une vision de ce qui fait que la vie est belle, riche et pleine.

70 à 80 ans : La sagesse, le mentoring ; vivre pleinement les bienfaits de la vie

Bien qu'à cette époque, les chances de vivre centenaire soient de plus en plus grandes, entrer dans la décade des 70-80 ans est un risque, celui d'être considéré comme « vieux » dans la société. Toutefois, comme aux autres âges de la vie, on a besoin de faire de nouveaux apprentissages et, en particulier, celui de la perte : la perte de sa vigueur physique, de la place occupée dans sa communauté, de la perte d'une activité professionnelle, des rôles professionnels qui consolidaient son identité.

L'activité professionnelle, le travail servaient de point d'ancrage à l'identité pendant toutes ces décades passées. Lorsque les jours qui se succèdent ne sont plus rythmés par des horaires de travail, quand on n'a plus de quoi occuper 50 à 60 % de son temps, quand on n'a ni collègues pour communiquer, ni statut professionnel, confirmer son identité face à des étrangers, quand finalement le seul statut dont on bénéficie est celui de « retraité à plein-temps », c'est se trouver confronté à une question lancinante et parfois angoissante : « Qui suis-je ? ».

Bien entendu, ce n'est pas la seule question à laquelle on est convié à répondre à cette époque. D'autres questions se posent, telles : Comment trouver des moyens pour renouveler ses centres d'intérêts, ses activités, ses amitiés ? Comment rester dans le renouvellement permanent ? Comment rester proactif alors que l'entourage propose fréquemment, avec insistance, qu'on ralentisse, voire qu'on arrête, sa course ? Comment créer et maintenir les projets pour parrainer les générations montantes, servir de mentor de manière informelle et profiter pleinement des bienfaits de la vie ?

Il est vrai que certains, privés de l'identité professionnelle par la mise à la retraite, perdent leur statut social et, avec lui, une bonne part de leur amour-propre. Une telle situation rend les réponses aux questions précédentes d'autant plus difficiles à fournir. Heureusement, d'autres personnes démentent ces propos et mettent à profit cette période et la liberté qu'elle offre pour faire des projets, réaliser des rêves, passer plus de temps avec leurs proches et se montrer encore utiles socialement.

Cette première transition vers les âges avancés de la vie s'accompagne de réaménagements importants qui sont dus en partie à des pertes de toutes sortes qui entraînent des abandons et des deuils susceptibles d'être vécus douloureusement.

Néanmoins, face à de telles circonstances, d'autres réactions sont possibles, d'autres issues plus favorables existent, d'autres options plus optimistes se proposent car on a heureusement d'autres manières de voir les choses. Si on sait faire le deuil des pertes vécues, si on accepte de faire la part des choses et mettre à profit ce que la vie propose, on découvre de nouvelles énergies, libère sa créativité et accède à la joie et aux bienfaits de la vie.

En avançant en âge, pour continuer à grandir en tant qu'adulte, il importe de se donner les moyens de réaliser les projets qui tiennent à cœur. Soutenir ses causes préférées, par exemple, devient une priorité ; on veut encore servir à quelque chose, surtout avant qu'il ne soit trop tard. Pendant cette décade, on a toujours de la force physique, mentale et morale, on possède des convictions que l'on souhaite défendre, on a des rêves à réaliser et des raisons de vivre.

80 à 90 ans : Rester engagé, simplifier la vie

À cet âge avancé, l'état de santé et des finances représente souvent une préoccupation majeure. Et pour cause. Une nouvelle question se présente : comment rester en (assez) bonne santé ? Ou bien, comment éviter de tomber malade ?

On se trouve face à un certain nombre de désirs légitimes qui semblent souvent paradoxaux et difficiles à faire coexister : on ne veut pas devenir un poids pour ses enfants ou pour la société, néanmoins, on aimerait bien que l'on s'occupe de nous. On souhaite garder son indépendance et son autonomie aussi longtemps que possible, et, en même temps, on reconnaît sa vulnérabilité, sa fragilité, la précarité de sa situation, si on vit seul par exemple, et des risques qu'elle fait encourir.

On a perdu beaucoup d'amis et de proches, parfois des personnes bien plus jeunes ; la conscience est vive d'avoir vécu plus de temps qu'il ne restera à vivre. Et pourtant, si on a encore de quoi s'occuper, on trouve de quoi se rendre utile malgré les invitations, venant de toutes parts, de tout arrêter sous prétexte qu'à l'âge qu'on a…

Effectivement, il est dit que c'est dans le regard des autres que l'on commence à vieillir. Il faut alors oser affronter et confronter ce regard. On peut choisir d'être porteur d'une vision distincte de soi-même, une vision qui réclame de la considération et force le respect. En portant un regard différent sur soi-même, on fait démentir le discours ambiant qui affirme que l'on est vieux simplement parce qu'on a pris de l'âge.

Il s'agit de se poser des questions de fond : Comment rester engageant et engagé ? Intéressant et intéressé ? Comment rester dans la vie, dans le projet et ne pas verser dans la plainte ? Comment se simplifier la vie, tout en continuant à vivre ? Car il s'agit bien toujours de vivre, tout simplement.

90 ans et plus : Faire preuve d'authenticité et de générosité, vivre jusqu'à la fin

La santé devient, en règle générale, un sujet de préoccupation ; des douleurs, considérées comme des « petits bobos » à un âge moins avancé, deviennent plus fréquentes et plus importantes. Les craintes de manquer de temps et d'argent peuvent se faire ressentir de façon aiguë. Mais cela n'empêche, les personnes qui vivent bien à cet âge ont trouvé le moyen de se simplifier la vie pour en arriver à une représentation plus dépouillée, à une vision plus « zen » de leur existence.

En restant vivace, en gardant une vision de soi-même comme représentant du lien entre le passé, le présent et l'avenir, on reste une ressource. Donner de son temps pour parrainer et soutenir autrui, particulièrement les jeunes, est un moyen de rester utile à la société, que nous soyons membres, formels ou non, des réseaux sociaux. Ces dernières décennies représentent une nouvelle voie de la créativité et du potentiel humain, une option pour aborder la tâche de vivre pleinement chaque jour qui passe. La devise de ces personnes devient alors : « vivre jusqu'à la fin », pas plus, et surtout, pas moins.

On a un devoir de laisser un testament pour ceux qui suivent. À 70, 80, 90 ans, il est bon de montrer aux jeunes générations combien on est heureux d'être en vie, de leur donner une leçon de vie, et de vivre tous ensemble.

La transition finale : la mort

« Il y a une saison pour tout,
un temps pour naître,
un temps pour mourir. »

Livre de l'Ecclésiaste, chapitre 3, versets 1 et 2

Certains philosophes disent que « le seul intérêt de la vie, c'est la mort ». Il est vrai que la manière de faire face à la mort est organisée, modelée par la manière dont sont gérées les différentes étapes de la vie. Ceux qui ont accompli ce qu'ils s'étaient donné comme tâche dans la vie, qui ont réalisé tout ou partie de leurs rêves, quittent ce monde avec un plus grand contentement que les autres.

La façon dont on a géré les différentes étapes de sa vie, la satisfaction d'avoir réalisé et vécu son projet de vie font toute la différence dans la confrontation avec la mort. On acceptera d'autant mieux cette dernière étape que l'on est convaincu d'avoir eu une vie bien remplie. *A contrario,* ceux qui pensent que la mort n'a pas de sens et qu'elle est négative ont probablement trouvé que la vieillesse n'avait pas de sens et était négative, ainsi qu'une bonne partie de leur vie adulte.

On peut dire que l'on meurt comme on a vécu, que ceux pour lesquels la vie a toujours été un projet à réaliser voient la mort comme l'ultime projet et s'efforceront de mourir dignement, que ceux qui se sont soumis devant les événements, se soumettront sans protester devant cette nécessité finale, que ceux qui ont toujours nié la réalité de leur mortalité continueront de la nier sur leur lit de mort.

La mort devrait être vécue pour tous comme une opportunité qui permet de changer et d'évoluer encore. Ce dernier stade du développement affectif était resté jusque-là inexplorable, donc, inexploré. La conscience et l'acceptation que sa fin est proche permettent de voir sa vie sous un autre angle, avec du recul, un peu comme si, installé dans une loge au théâtre, on regardait cet autre soi-même évoluer sur la scène de la vie. Ce détachement permet de passer en revue certaines années significatives de sa vie avec humilité, avec un regard lucide sur la fatalité de certaines choses, trop prises au sérieux tant que le monde était à portée de main et vécues si passionnément.

On peut, que l'on ait fait ou non cette expérience de regarder sa vie avec détachement et distance, faire que la mort devienne un ultime projet ou pas, bien avant que n'arrive l'heure de mourir, pour en enrichir sa vie. Il ne s'agit pas d'oublier que l'on est mortel, mais plutôt au contraire de trouver des options qui permettent de vivre intensément chaque moment qui passe pour s'empêcher de la considérer.

Tous, quelle que soit leur croyance, gardent au fond d'eux-mêmes le désir de laisser la marque de leur passage sur cette terre, de participer à une construction qui perdurera au-delà leur vie, de sentir que, malgré les limites bien définies de leur identité individuelle, ils font partie de quelque chose de plus vaste et durable.

Sachant que l'on va mourir, il importe d'accepter le fait que l'on doive se développer jusqu'à la fin. Saisir la douce absurdité de la vie, autant la sienne que celle des autres, permet d'accéder à l'invitation de Platon : « Apprenez à mourir ».

Savoir à quoi vous attendre au fil du temps, connaître les tâches de développement propres à chaque âge de la vie, les challenges auxquels vous aurez à faire face, les besoins que vous aurez à remplir vous permettront de continuer à grandir harmonieusement en tant qu'adultes et vous aideront à vérifier si vous êtes à l'heure pour la crise !

Exercice 1 – Êtes-vous à l'heure pour la crise ?

Tout le monde connaît la crise du mitan de la vie, la crise de la quarantaine, mais vous n'avez pas besoin d'avoir 40 ans pour vivre des moments de questionnements intenses. En effet, la crise du mitan de la vie n'est pas la seule que vous êtes susceptibles de vivre, et c'est ça, en fait, la bonne nouvelle !

Nous vous invitons maintenant à réfléchir à votre âge actuel et au sentiment d'être en phase ou non, ainsi qu'aux moyens que vous vous donnez pour vous mettre à son diapason et gagner ainsi en confort.

En reprenant les tâches de développement typiques de votre décennie, comment vous positionnez-vous ? Les avez-vous déjà réalisées ? Il est possible d'être précoce, en avance sur son âge ! Ressentez-vous de la résistance à considérer les challenges qui vous attendent *a priori* ? Qu'est-ce qui a besoin de se passer pour que vous soyez en phase avec votre âge ? Quelles tâches de développement vous attendent, qui vous permettront d'avancer dans votre vie adulte ? Comment les vivre au mieux ?

Des réponses à cette dernière question se proposeront sans doute lors de l'exercice suivant qui clôt ce chapitre et vous indique des moyens pour enrichir votre décade.

Exercice 2 – Enrichissez votre décade

Chaque décade possède ses tâches de développement propre. Ce sont des objectifs que vous êtes invités à réaliser pendant une période donnée, à un moment spécifique votre vie.

En mettant au jour vos prochains stades de développement et les meilleurs moyens pour évoluer, vous découvrirez comment rester à la page, en phase avec tous les âges de la vie, et plus particulièrement avec l'âge que vous avez actuellement.

Dans un premier temps, parmi les tâches de développement suivantes, identifiez-en 10 qui relèvent de votre décade actuelle.

Ensuite, hiérarchisez-les, en partant de celle que vous estimez être la plus importante jusqu'à la moins importante. Même si vous les jugez toutes importantes, efforcez-vous d'établir une hiérarchie des 10 tâches sélectionnées.

- Expérimenter avec de nouvelles idées
- Devenir plus indépendant
- Avancer dans ma carrière
- Me former davantage
- Vivre au lieu de me préparer à vivre
- Devenir plus interdépendant
- Grandir sur le plan spirituel
- Être un parent plus sage que je ne l'ai été jusqu'à présent
- Rester au top de ma carrière
- Être libre pour être moi
- Lâcher prise, laisser tomber les choses
- Prendre davantage soin des autres
- Respecter mes valeurs
- Réactualiser mes relations
- Aimer les choses et les événements simples
- Obtenir de nouvelles compétences pour le travail en réseau
- Faire des achats importants
- Conserver mes ressources
- Clarifier mes rôles préférés dans le travail
- Trouver des amitiés durables
- Amasser davantage d'argent
- Devenir indépendant et me prendre en charge
- Créer des priorités pour tout ce que je fais
- Chérir mes souvenirs
- Me sentir plus en rapport avec le monde
- Cultiver ma solitude
- Vouloir davantage d'indépendance
- Être plus reconnaissant
- Redéfinir mon travail
- Dire la vérité telle que je la perçois
- Assumer des rôles de leader dans ma communauté

Pour terminer, face à chacune des tâches que vous avez sélectionnées, notez la démarche à entreprendre pour vous aider à la réaliser.

2

FAITES-VOUS UN ALLIÉ DE TOUT CE QUI VOUS ARRIVE

Bonne façon n° 2 : servez-vous du changement comme force motrice

LE CHANGEMENT EST LA FORCE MOTRICE de votre vie. Voici l'occasion de constater comment est constituée votre ligne de vie : des hauts et des bas, des sommets et des vallées, et comment votre existence s'organise en cycles analogues aux saisons.

La carte du cycle de changement représente un reflet de ce que nous vivons tous. La vie n'est pas organisée de façon linéaire, elle est cyclique comme tant d'expériences le rappellent. Des cycles de veille et de sommeil rythment les jours et les nuits ; les saisons se succèdent ; le printemps, l'été, l'automne, et l'hiver ponctuent chaque nouvelle année ; les fêtes traditionnelles, les dates d'anniversaire témoignent du temps qui passe.

Tous les systèmes vivants passent par des cycles d'évolution : des individus, des entreprises, des organisations. L'existence traverse ainsi des cycles de changement circulaires, chaque chapitre de vie passant d'une phase de lancement à une phase plateau, suivies d'un déclin et de sa remise en question avant de repartir vers de nouvelles expériences et de nouvelles conquêtes.

Qu'on le veuille ou non, vivre, c'est faire face sans cesse à des forces de transformation, alors, autant en faire des partenaires. Pour cela, commençons au commencement : parlez-nous de vous au travers de votre ligne de vie.

LA LIGNE DE VIE

Dans toute vie, il y a des hauts et des bas. Il est facile d'imaginer mesurer sa vie en sommets et en vallées. Au sommet, on s'y sent bien, tout semble réussir, on sent l'harmonie avec soi-même et son environnement. Un but est fixé avec la conscience d'être en train de construire quelque chose. Ce qu'on avait décidé de faire réussit et on vit bien ce que l'on fait. Les périodes basses de la vie sont les vallées. La décision d'entreprendre quelque chose n'a pas été suivie du résultat escompté, ou bien la réussite a gratifié ce qui a été entrepris, mais maintenant c'est terminé. On a semé, cultivé, récolté les fruits, qu'on a savourés et maintenant le besoin se ressent de passer à quelque chose de nouveau, sans trop savoir quoi.

Ces bas de la vie peuvent être déclenchés par une multitude de facteurs. Parfois, c'est un facteur interne : le sentiment de lassitude de la vie que l'on mène et la sensation d'un besoin de faire autre chose, sans trop bien savoir quoi. D'autres fois, c'est un facteur externe : la perte d'emploi, une mutation dans une ville qui n'attire pas, un divorce, le décès d'un être cher.

Depuis notre naissance, notre vie n'a été qu'une succession plus ou moins importante de sommets et de vallées, de périodes de stabilité et d'instabilité et cela va continuer encore et encore. La vie est comme une sculpture qui n'est jamais terminée. Chacun en est à la fois la pierre et le sculpteur ; un livre dont il est l'auteur et le principal héros, partagé entre des réalisations, des accomplissements extérieurs et des périodes de repli sur lui-même, d'interrogations, de réorganisation interne et de renouvellement. Les buts, les objectifs réalisés, les ports où on a fait escales, sont moins importants que la manière dont le voyage a été conduit et du profit qui en a été retiré.

Exercice 3 – Votre ligne de vie

Nous vous invitons maintenant à dessiner votre ligne de vie, à partir de l'âge de 17-20 ans et jusqu'à votre âge actuel en la prolongeant pour les cinq années à venir.
Préparez un schéma qui ressemble à la figure 3 en vous laissant la place pour noter vos découvertes.

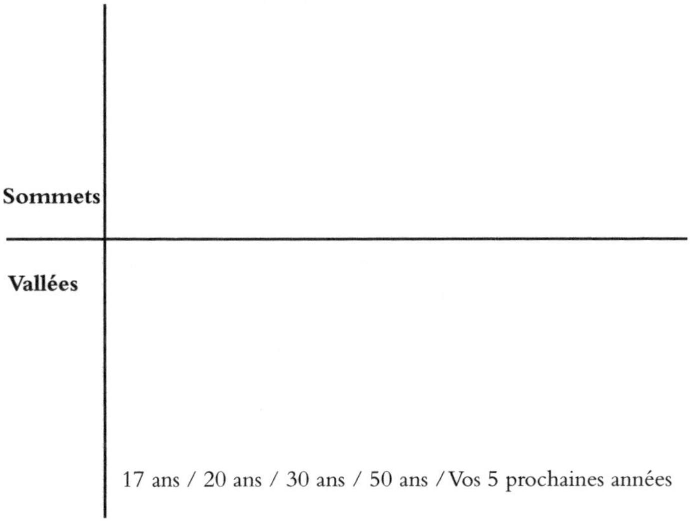

Figure 3 – La ligne de vie

Sur ce schéma, vous allez représenter votre vie par un tracé qui tient compte de vos sommets et de vos vallées. Passez votre vie en revue pour retrouver les moments qui ont été importants pour vous, des sommets et des vallées. Par exemple : passer en prépa, réussir un concours, obtenir un diplôme, un nouveau travail, ou perdre votre travail, rencontrer la huitième merveille du monde, vous marier, avoir des enfants, voyager, aller travailler à l'étranger, divorcer, vous remarier…

Prenez le temps de dessiner la ligne de votre vie, avec les sommets et les vallées ainsi que l'âge et les événements correspondants. Regardez, prenez conscience de la trajectoire de vie qui vous a permis d'être ce que vous êtes à la date d'aujourd'hui. Maintenant, prolongez votre ligne de vie : comment envisagez-vous votre vie pour les cinq ans à venir, quels sont les aspects dont vous pouvez être sûrs, quelles sont les similitudes et les différences par rapport à votre vie à l'instant ? Trouvez quelqu'un avec qui partager ce que vous venez de découvrir, parlez-lui de ce qu'a été votre vie ces dernières années et la manière dont vous envisagez votre futur.

LES SOMMETS ET LES VALLÉES

Une vie est mouvementée, plate, creuse, jalonnée d'événements..., que sais-je ? Voilà autant de manières de parler de ce que nous avons nommé « sommets et vallées » sur votre ligne de vie. Il y a des moments où vous êtes orientés vers la réalisation de projets et tournés vers l'action, des moments où votre attention est dirigée vers l'extérieur, vers les autres et le monde environnant. Ces moments représentent des « sommets » sur votre ligne. Alors que les époques, les périodes pendant lesquelles vous vous tournez vers la vie intérieure, en vous détournant du monde, les phases de votre existence pendant lesquelles vous vous orientez vers l'introspection et l'intériorisation, ces périodes seront représentées sous la forme de « vallées » sur votre ligne de vie.

Ce qui est évident alors, quand vous regardez votre « ligne de vie », c'est qu'elle n'est pas linéaire ; elle est faite d'une succession de cycles, de transitions. La carte du « cycle de changement » est un guide efficace pour accompagner les transitions, pour faire du changement votre allié en vous indiquant où vous en êtes et quelle sera la prochaine étape à parcourir.

Vous pouvez envisager votre vie comme un roman, avec une suite de chapitres. Pour chaque chapitre, il y a une introduction, un développement et une conclusion.

Chacun des chapitres obéit à une structure bien précise. Si vous connaissez cette structure, vous savez où vous pouvez identifier les meilleurs choix pour vous guider dans votre vie, quels que soient la période et le nombre d'étapes qu'il vous reste à franchir.

Un chapitre commence quand vous vous lancez dans une nouvelle phase de votre vie. En général, il est interprété comme un sommet. En fait, c'est le lancement d'un nouveau chapitre, le moment où vous vous fixez de nouveaux buts, vous engagez dans de nouveaux projets. Cela correspond, quelquefois, à des changements dans votre vie affective, votre vie personnelle ; d'autres fois à votre vie professionnelle.

Ce sont des moments de plénitude, des moments où vous vous sentez engagés, orientés vers un but. Il s'agit là d'une partie du voyage où vous êtes concentrés sur les choses extérieures, en interaction forte avec votre environnement, où vous devez relever des défis, faire face à des menaces et à des événements externes. Cette période vous donne l'occasion de développer et d'affirmer certaines de vos identités de rôles : parent, époux, professionnel reconnu, bénévole. Cette affirmation dans vos identités de rôles vous permet un plein engagement dans la réalisation de vos buts, de produire des résultats, de parvenir à la réussite, à la reconnaissance et au bonheur.

À d'autres moments de votre vie, vous n'êtes plus tournés vers l'extérieur, vous n'êtes plus en phase de réalisation, mais, au contraire, vous vous sentez insatisfaits, sans but précis. Vous agissez de manière routinière, sans motivation. Vous expérimentez alors la descente dans la vallée, comme si le sel avait perdu de son goût. Vous manquez d'infrastructure. Lorsque le projet dans lequel vous vous étiez engagés se termine, cette fin est vécue comme une perte d'identité et vous recentre sur vous-même, par un travail intérieur. C'est un temps de réévaluation : « Qui suis-je maintenant ? », « Qu'est-ce que je veux ? », « Qu'est-ce que je vais faire maintenant ? » Ces périodes où vous êtes centrés sur vous-même sont celles d'un renouveau intérieur.

Exercice 4 – Si ma vie m'était contée

La meilleure manière de représenter sa vie aujourd'hui est un livre dont chaque chapitre aurait sa spécificité. Dans cet exercice, vous êtes invités à conter votre vie, à en faire un récit qui se divise en chapitres auxquels, bien entendu, vous donnerez un titre, selon les âges, les périodes clés, les activités majeures de chaque époque… Naturellement, il y a des personnages de premier plan et de second plan ; il y a un fil conducteur à l'histoire et à l'action qui se déroule dans des lieux spécifiques, dans une ambiance, dans une atmosphère donnée. Laissez-vous découvrir la meilleure manière pour vous de rédiger : si ma vie m'était contée.

Oh, bien sûr, il ne s'agit pas de respecter les règles de construction d'une tragédie classique qui exigent l'unité de temps, de lieu et d'action ; votre vie n'est pas une tragédie, loin s'en faut ! Et ce n'est pas une farce non plus, c'est une série de moments, une succession d'époques que vous avez vécus et que vous rapportez ici sous forme d'œuvre littéraire.

Certaines personnes commencent leur autobiographie par une introduction qui retrace l'historique du contexte familial et social au sein duquel elles sont nées ; d'autres incluent une dédicace ou terminent par des remerciements. Dans votre rédaction, il est important de noter les personnes qui vous ont accompagné et les lieux que vous avez fréquentés autant que les actions que vous avez poursuivies, les projets et objectifs que vous avez réalisés.

Pour vous, peut-être le premier chapitre s'intitule-t-il : « Ni pré-adulte ni post-ado je suis MOI, enfin, je le crois… » dans la mesure où vous viviez encore sous le toit et la loi de vos parents, ou bien : « Autour de ma chambre d'étudiant » car vous étiez en prépa ou poursuiviez des études, ou bien : « Premiers pas vers l'indépendance » puisque vous aviez quitté le cocon familial pour vous installer dans une chambre de bonne, un studio ou en co-location… alors que le deuxième, qui porte le titre : « L'homme (la femme) de ma vie », raconte une étape qui vous a mené vers la prise de nouvelles responsabilités…

À vous de trouver comment vous organiserez les chapitres de votre vie et de choisir quels titres vous leur attribuerez. Le prochain chapitre de votre vie, celui que vous êtes en train d'écrire, mérite aussi un titre, naturellement. En reprenant votre ligne de vie, vous découvrirez alors la meilleure manière de vous présenter à vous-même, c'est-à-dire, la façon la plus appropriée

pour vous de faire votre connaissance aujourd'hui en tant que compagnon de route et de constructeur de votre futur.

LE CYCLE DE CHANGEMENT

Engagé dans l'élaboration et la réalisation d'un projet, vous êtes dans un voyage extérieur, en contact fort avec votre environnement, que ce soit dans votre couple, votre famille, dans votre travail ou dans des mouvements associatifs. Votre volonté, dans cette étape d'un cycle de changement, est de réaliser Vos objectifs, atteindre Votre but. Notre vie a un sens. Nous sommes centrés sur « faire », sur l'action, sur l'effet que nous produisons. Votre intérêt est centré sur les résultats. Vous avez un but, vous voulez l'atteindre, vous voulez faire quelque chose de votre vie.

Dans ces périodes, vous vous sentez bien, vous avez fixé un but, vous avez investi toute votre énergie pour l'atteindre ou pour lui donner un sens.

À l'opposé, dans les vallées, en général, votre intérêt essentiel porte sur l'introspection, les sentiments. Vous êtes préoccupé par « être ». C'est un moment de renouveau, une période pendant laquelle s'opère une redéfinition.

Au début de cette période, vous vous vivez comme désynchronisé, puisque vous sentez votre environnement comme incertain. Vous investissez intensément dans votre monde interne, vous cherchez à comprendre, à prendre du recul, à évaluer votre passé, vous vous posez des questions sur vous-même. Il s'agit de votre voyage intérieur, d'une interrogation sur votre identité, sur l'estime que vous avez de vous-même, sur vos valeurs fondamentales.

Pendant ce voyage dans la vallée, c'est la recherche de votre moi interne qui capte votre attention, la réorganisation d'une nouvelle estime de vous-même, centre vital de tout renouvellement. Progressivement, vous vous éveillez à de nouvelles forces, vous découvrez de nouvelles vocations. C'est un voyage au sein de votre identité intégrée, de votre moi fondamental qui vous permet de définir une nouvelle vision, une nouvelle foi en vous-même, de trouver de nouvelles forces, de vous fixer un nouveau but, de créer un projet de vie qui vous orientera vers un futur plein d'avenir.

Afin de gérer efficacement le changement, vous avez besoin de savoir comment gérer ces expériences : rêver, organiser, planifier un projet de vie pour vivre un chapitre de vie externe réussi et découvrir de nouvelles ressources ; se forger une nouvelle identité forte, ancrée dans ses valeurs fondamentales pendant le voyage interne.

Au cours de la vie, vous avez sans doute remarqué que lorsque vous faites l'expérience d'un sommet puis d'une vallée, vous n'avez pas pu atteindre un sommet sans avoir effectué un travail de re-cohésion de vous-même. Les graines du prochain chapitre de votre vie sont semées durant le voyage dans la vallée.

Ces deux types d'expériences sont le propre d'une vie réussie. Elles sont naturelles, inévitables et désirables. Elles représentent la structure de base du cycle de changement, d'une vie constamment changeante et toujours en train de se renouveler.

Regardons de plus près le cycle de changement. Il se décline en 4 phases et 10 étapes, chacune ayant sa spécificité.

LES QUATRE QUADRANTS

En passant par les quatre quadrants du cycle de changement, on est naturellement face à soi-même, et, dans cette rencontre, on découvre des aspects de soi que l'on n'avait pas nécessairement repérés auparavant. Lorsqu'on avance dans le cycle de changement, le voyage est proche du celui du héros, bien que le point de départ ne soit pas

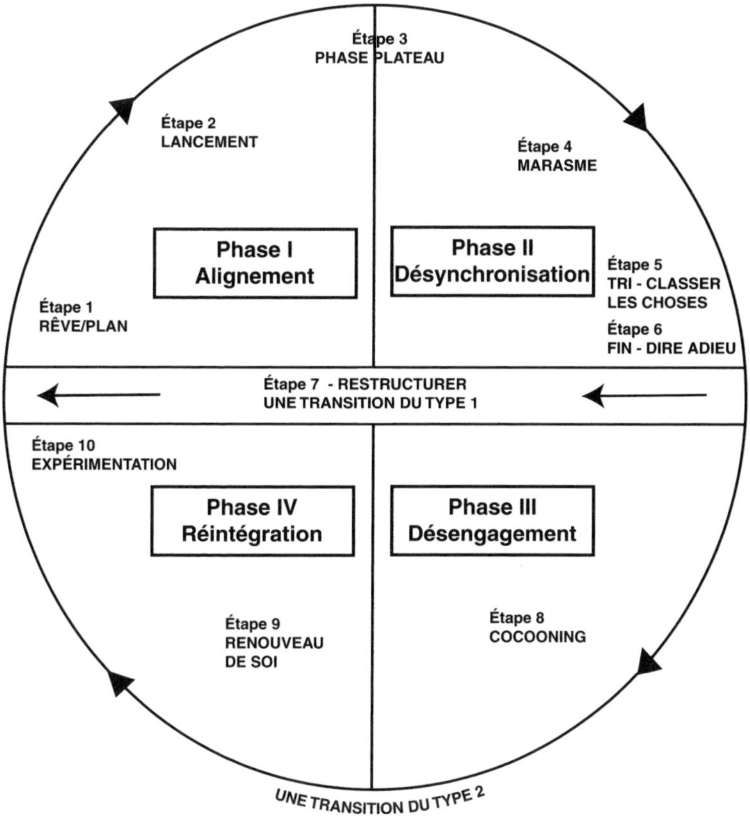

Figure 4 – Le cycle de changement : 4 phases et 10 étapes pour un renouveau permanent

le même car, dans notre optique, la première phase est positive, riche et gratifiante.

Pour vous aider à vous situer par rapport à votre cycle de changement actuel, nous vous rappelons les quadrants et les phases qu'ils représentent, suivis des facettes de soi que l'on y rencontre :

- Alignement : le Soi Héroïque ;
- Désynchronisation : le Soi Désenchanté ;
- Désengagement : le Soi Intériorisé ;
- Réintégration : le Soi Passionné.

La première phase, l'*alignement*, évoque un nouveau départ. On s'engage, plein d'élan, dans une nouvelle aventure, habité de confiance et de certitude ; on a envie de foncer.

La deuxième phase, la *désynchronisation*, témoigne d'un ralentissement, voire d'un arrêt, de cet élan, qui s'accompagne de doutes, de questionnements et de désagréments ; on a facilement le sentiment d'être coincé dans le marasme.

La troisième phase, le *désengagement*, apporte une période de détachement, d'abandon et d'intériorisation, dans laquelle il ne reste qu'un vague souvenir de l'élan vital initialement ressenti ; on souhaite cocooner pour inventer un nouvel avenir.

La quatrième phase, la *réintégration*, se présente comme un retour vers la vie, auquel s'ajoutent une reprise de l'élan et un regain d'énergie ; on a envie d'expérimenter et d'explorer le monde à nouveau. Chacune de ces phases dure un certain temps, comme vous avez déjà pu le constater en remarquant la durée variable des sommets et des vallées de votre propre ligne de vie.

Il existe toutefois une phase intermédiaire, un peu particulière, qu'il est possible de vivre en lieu et place des Phases 3 : désengagement et 4 : réintégration. La « transition du Type 1 » s'intercale entre la fin de la phase 2 : la désynchronisation et une nouvelle phase 1 : l'alignement. Elle reprend, *a minima*, le vécu des phases 3 et 4 dans la mesure où l'on doit abandonner, et leur dire adieu, certains aspects du projet de vie en cours pour en lancer une nouvelle version. On est amené à laisser tomber des moyens employés jusque-là pour réaliser son projet de vie, car ils n'ont pas donné les résultats escomptés, mais sans pour autant abandonner le projet. Au contraire, on cherche à le raccommoder, à le rattraper, à le rafistoler, à le réaménager, à le « re... » quelque chose afin de recommencer autrement.

Grâce à l'exercice 3, vous avez identifié les sommets et vallées qui représentent les phases clés de votre vie. De cette manière, en vous rappelant ce que vous avez déjà vécu, vous avez une bonne idée des caractéristiques de chacun des quatre quadrants, et de la phase intermédiaire de cette carte.

Tableau 1 – Le triptyque de l'expérience humaine dans les 4 phases du cycle de changement

Émotions	Pensées	Actions
Phase 1 : Alignement		
Optimiste	L'avenir me sourit.	Entreprendre
Confiant	Je sais ce que je veux.	Planifier
Dynamisé	Mon projet est bien réfléchi.	Agir
Phase 2 : Désynchronisation		
Insatisfait	Si seulement...	Attendre
Coupable	Je n'ai pas de chance.	Se plaindre
Triste	C'est injuste et illogique.	Fuir
Phase 3 : Désengagement		
Anesthésié	Pas de projets !	Dormir
Détaché	Comment avoir du temps pour moi ?	S'isoler
Esseulé	On ne me comprend pas.	Se retirer
Phase 4 : Réintégration		
Soulagé	Je suis content de ma retraite.	Reprendre contact
Privilégié	Je sais prendre soin de moi.	Activer le réseau
Renouvelé	Je suis en train de renaître.	Expérimenter

Vous serez invités plus tard à pointer dans quelle phase et à quelle étape du cycle vous vous situez aujourd'hui.

Comme vous l'avez sans doute déjà noté, chaque quadrant contient des aspects typiques de l'expérience personnelle au niveau du ressenti (des émotions), de la pensée (des cognitions) et du comportement (des actions). Ces trois éléments composent le triptyque de l'expérience humaine que l'on verra ultérieurement.

LES DIX ÉTAPES DE RENOUVELLEMENT POUR UNE VIE EN MOUVEMENT

Les dix étapes de renouvellement décrivent plus finement votre expérience au cours de chaque quadrant. Elles permettent de se situer plus précisément au sein de cette carte pour organiser la suite du voyage. Chacune des étapes possède ses particularités, ses caractéristiques propres qui permettent de l'identifier ; elle exige également que l'on s'affranchisse de tâches spécifiques pour continuer son chemin. Celles-ci sont représentées par les compétences clés qui font d'une transition une transformation en permettant de se servir de tout ce qui arrive de façon constructive.

Des compétences clés pour faire d'une transition une transformation

Pour qu'une transition devienne une transformation, vous aurez à vous accompagner pas à pas tout au long des dix étapes du cycle de changement. Pour cela, diverses qualités et compétences seront sollicitées chez vous : comprendre votre situation en témoignant de bienveillance à votre égard, sans verser dans la complaisance et la facilité.

Vous serez alors amenés à adopter une attitude de réserve vis-à-vis de vous-même, sans critiquer injustement, ni dévaloriser votre projet. Vous aurez à faire preuve de patience en attendant des opportunités, sans pour autant perdre une once de votre proactivité, car c'est elle qui vous permettra de saisir les occasions lorsqu'elles vous seront de nouveau proposées. Par moments, en effet, vous aurez à vous traiter avec douceur et délicatesse, à témoigner de l'indulgence à votre égard en prenant votre mal en patience, alors qu'à d'autres moments, vous aurez à vous secouer le poil, à vous montrer exigeant et ferme.

En effet, à tous moments, pour vous déplacer sur le cycle de changement, vous devrez être loyal envers vous-même ; ça ne sert à rien de tricher, sauf à saboter votre projet. Pour avancer, ne sous-estimez ni vos capacités, ni vos désirs, en évoquant une quelconque modestie ou pour éviter le courroux du « grand comité dans la tête[1] ». Ne surestimez ni vos compétences ni votre appétence à cause d'une fierté mal placée ou de peur de manquer d'intérêt ou de valeur à vos yeux ou à ceux de quelques autres. Votre tâche est simple, bien que pas nécessairement facile : soyez authentiquement vous-même, acceptez de vous regarder droit dans les yeux, de vous entretenir en tête-à-tête, de vous soumettre à cette confrontation à vous-même, pour mettre au jour votre projet. Agissez envers vous-même avec de l'amour et de la discipline, de la bienveillance et de la rigueur.

Pour vous aider dans cette démarche, nous vous présentons les étapes du cycle de changement ainsi que les tâches et les compétences clés qui permettent d'avancer à votre rythme et faire d'une transition une transformation et du changement un allié.

---

1. Le « grand comité dans la tête » est une façon imagée de parler de l'éducation restrictive que nous avons reçue dans notre enfance. Il s'agit des interdits, injonctions et avertissements parentaux, scolaires et sociaux qui impactent nos choix de façon négative. En font partie tous les « il faut ; il ne faut pas ; on doit ; on ne doit pas, etc. » présents dans notre discours intérieur et influençant nos comportements.

LES TÂCHES ET LES COMPÉTENCES CLÉS ASSOCIÉES AUX ÉTAPES DU CYCLE DE CHANGEMENT

1. Rêve/Plan : Rêver un rêve et planifier un plan – Rêver de nouveau ; (re) commencer autrement ; se fixer des buts et des objectifs ; créer ; innover.
2. Lancement : Lancer le nouveau projet – S'engager ; initier ; poursuivre des buts et des objectifs ; persévérer ; faire preuve d'authenticité, de flexibilité et d'adaptabilité.
3. Phase Plateau : Maintenir le projet de vie en cours – (Re) valoriser le projet de vie en cours ; savourer ses accomplissements ; apprécier ses acquis ; se fixer des buts et des objectifs qui permettent de poursuivre le projet actuel ; créer de nouveaux moyens pour l'enrichir.
4. Marasme : Gérer le marasme – Reconnaître, accepter et gérer des émotions comme la déception, la tristesse, la colère, la frustration ; cesser de faire de la résistance au changement pour en faire un allié puissant et incontournable.
5. Tri : Classer des choses – Évaluer la situation ; classer ce qui relève du projet de vie en cours selon les quatre options pour simplifier la vie : maintenir, éliminer, acquérir, éviter ; choisir quel type de transition engager par la suite : une transition du type 1 ou du type 2 ; suivre la « Formule Magique » du chapitre 3 : maintenez, relâchez, entreprenez, bougez.
6. Fin : Dire adieu – Dire adieu à ce qui n'a pas fonctionné dans le projet de vie en cours ; garder la foi et la confiance en soi ; accepter qu'il y ait un « après » sans pour autant l'entrevoir ; lâcher prise.
7. Restructuration : Réorganiser le projet de vie – Reformuler, reformater, réorganiser le projet de vie en cours ; reconnecter avec ses valeurs actuelles, avec ses motivations.
8. Cocooning : Cocooner – Apprivoiser la solitude ; prendre le temps de prendre soin de soi ; guérir ses « bleus à l'âme » et ses blessures narcissiques ; se développer en tant que personne ; faire de l'introspection, de la réflexion ; trouver sa voie ; s'écouter ; se découvrir différemment ; mettre au jour une nouvelle identité.
9. Renouveau de soi : Se renouveler – Se réévaluer ; se réinventer ; se revaloriser ; se soutenir ; faire preuve de résilience ; renforcer l'espoir ; confirmer sa nouvelle identité.
10. Expérimentation : Expérimenter – Faire des expériences ; nourrir de nouvelles options ; manifester de la curiosité et de la créativité ; apprendre autrement ; apprendre à apprendre ; mettre au jour de nouvelles façons de faire ; prendre le risque de les essayer.

Mais avant d'aller plus loin, il est intéressant de vérifier où vous en êtes, à quelle étape vous vous situez dans votre propre cycle de changement.

Exercice 5 – Prenez position sur le cycle de changement

Où en êtes-vous dans votre cycle de changement ? À quelle phase ? Quelle étape ?

Pour faciliter la réponse à ces questions, nous vous invitons tout simplement à prendre position sur la carte du cycle de changement. Pour cela, vous pouvez recréer cette carte à l'aide de Post-it ou autres petits papiers, sur lesquels vous inscrirez l'intitulé de chacune des 10 étapes et son numéro. Disposez alors ces papiers par terre de façon à reproduire la carte et déplacez-vous dessus. Faites un tour de reconnaissance, voire plusieurs. Votre premier tour vous servira à repérer et à reconnaître des moments antérieurs où vous avez vécu telle ou telle étape ; vous vous connaissez, vous reconnaîtrez votre parcours. Prenez le temps de revisiter des moments clés de votre vie pour trouver des repères, des exemples pour chacune des étapes, dans la mesure du possible. Ensuite, faites un autre tour en laissant votre expérience actuelle vous guider. Positionnez-vous sur l'étape du cycle que vous vivez à l'instant.

Si vous avez l'impression d'être à « plusieurs endroits à la fois » sans doute ne vivez-vous pas le même degré de satisfaction dans votre domaine professionnel ou personnel que dans votre domaine social ou du couple. Utilisez ce constat pour vous familiariser avec les étapes du cycle de changement, puis, ayant profité de cet approfondissement de connaissances, demandez-vous : « Globalement, en tant que personne entière, où est-ce que j'en suis ? » Répondez spontanément sans réfléchir et prenez position sur l'étape qui se propose, voire, s'impose.

En découvrant l'étape que vous expérimentez actuellement, vous prenez conscience de la prochaine étape que vous allez engager et pourrez déjà commencer à vous offrir des permissions appropriées pour la mener à bien aussi.

Selon la phase et l'étape où vous vous trouvez dans le cycle du changement, s'engager dans certaines activités semble couler de source pour faciliter le passage d'une phase à une autre, d'une étape à la suivante. En voilà quelques-unes, à titre d'exemple, groupées selon le quadrant auquel elles renvoient. Elles ont déjà fait leurs preuves pour de nombreuses personnes et sont susceptibles de favoriser votre trajectoire aussi.

EXEMPLES D'ACTIVITÉS POUR PASSER D'UNE ÉTAPE À UNE AUTRE

Phase 1 : Alignement
Suivre des formations professionnelles qualifiantes
Travailler en réseau
Cultiver de nouvelles amitiés
Améliorer votre gestion du temps
Équilibrer vos engagements professionnels, sociaux, personnels, conjugaux, familiaux
Trouver un rythme de vie qui vous convienne
Affirmer votre vision
Pratiquer un art martial
Voyager
Phase 2 : Désynchronisation
Créer un plan de sortie
Chercher un nouvel emploi
Faire une cure de désintoxication pour arrêter de boire, de fumer…
Entreprendre une thérapie de couple
Passer du temps avec des amis
Vous préparer au changement
Faire une psychothérapie personnelle
Faire un régime
Organiser une année sabbatique
Phase intermédiaire : Transition du Type 1
Améliorer le chapitre de vie que vous êtes en train de vivre
Reprendre contact avec votre vision initiale
Renouveler votre passion
Poursuivre votre vie sans changer grand-chose
Explorer et approfondir votre engagement vis-à-vis de votre projet
Choisir de vous orienter vers l'action
Changer votre alimentation
Changer vos habitudes vestimentaires : faire un « relooking »
Partir en vacances
Phase 3 : Désengagement
Faire une thalassothérapie
Réaliser un voyage dans le désert

☞

Faire un voyage sur un bateau de travail
Faire une retraite silencieuse
Parcourir au moins une partie du chemin de Saint-Jacques de Compostelle
Tenir un journal intime
Méditer
Prier
Faire une retraite spirituelle
Faire de longues balades en solitaire
Ne rien faire et en être content
Phase 4 : Réintégration
Accepter un emploi temporaire
Chercher une nouvelle carrière
Tomber amoureux
Changer d'orientation professionnelle
Déménager
Changer le décor de la maison
Explorer des options diverses
Trouver de nouveaux loisirs
Commencer une pratique sportive

À l'issue de la phase de réintégration, une première étape, le rêve et le plan, ouvre la phase d'alignement. Cette nouvelle étape mérite que l'on s'y attarde.

Rêver un rêve, planifier un plan, construire sa vie

Vous lisez ce livre parce que vous voulez construire votre vie adulte et mener à bien un projet de vie. Vous cherchez des points de repère qui vous permettent de rêver votre projet et projetez vos rêves dans votre vie. C'est pour cette raison que nous vous proposons d'explorer davantage la première étape du cycle de changement : le rêve et le plan.

Le rêve est une vision, une représentation imagée de ce que vous aimeriez que soit votre vie dans le futur. Pour rêver efficacement, vous devez être en contact avec vos désirs, vos passions. Vous avez besoin de savoir ce qui vous excite, ce qui vous stimule. Parfois, en tant qu'adulte, on a du mal à rêver car on a appris à prendre la vie très, voire trop, au sérieux, mais il arrive aussi qu'on ait besoin de s'affranchir d'un obstacle d'un autre ordre. Si tel est le cas, rêver ne pose aucun problème, c'est planifier qui est difficile.

Planifier consiste à se donner les moyens de concrétiser son rêve, d'établir les phases qui permettent de le réaliser. Il s'agit de fixer des objectifs et de définir des étapes menant au but fixé.

Une démarche de planification est quelque chose de logique, de réaliste, de pratique. C'est là où vous prenez conscience de toutes les ressources dont vous disposez et qu'il faut activer pour aller jusqu'au bout de votre rêve.

Vous l'avez sans doute déjà remarqué au cours de votre vie, tout projet commence par un rêve. Un rêve motive et donne de l'énergie pour le réaliser. Pour que votre rêve puisse se transformer en un plan sous-tendu et soutenu par des buts opérationnels, il doit se trouver naturellement confronté à la réalité, c'est-à-dire, aux contraintes et aux exigences de votre environnement à tous les niveaux et dans tous ses aspects : personnel, conjugal, familial, professionnel, social. Cette confrontation est nécessaire ; elle est aidante et structurante car elle vous permet de planifier les étapes essentielles à la réalisation de votre projet. Néanmoins, aussi nécessaire soit-elle, cette confrontation ne se passe pas toujours sans heurts, ni sans difficultés.

Comme vous pouvez le remarquer dans la figure 5, différents cas de figures existent en ce qui concerne la confrontation entre le rêve et la réalité. Lorsqu'il y a un déséquilibre entre ces deux éléments, un plan devient nettement plus difficile à formuler. En effet, un « Rêve » trop important par rapport à la « Réalité » à laquelle il est confronté encourage le rêveur à négliger l'importance des forces vives à l'œuvre dans son environnement, à méconnaître les exigences de son entourage et ses obligations.

REVE / RÉALITÉ = PLAN

Chacun d'entre nous trouvera un équilibre qui lui est propre, entre le rêve et la réalité, ce qui permet de créer un plan.
Différents cas de figures existent, bien entendu. Ceux qui suivent montrent un déséquilibre notoire entre les deux premiers éléments et le plan en pâtit.

Rêve / Réalité =

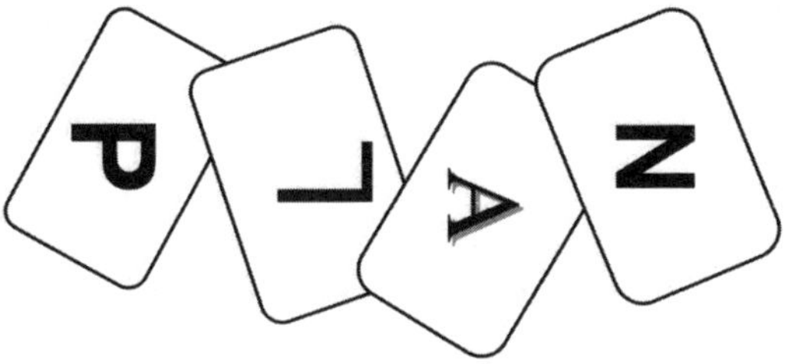

Un rêve démesuré crée un plan désordonné dans lequel les cartes sont mal distribuées.

Réalité / Rêve =

Une réalité mal ajustée crée un Plan plan-plan, « raplapla ».

Figure 5 – Le Rêve et le Plan

Vous l'avez peut-être déjà constaté : si vous arrivez à oublier ces aspects de votre expérience, ils ne vous oublient pas pour autant et leur présence se fera sentir tôt ou tard de manière plus ou moins abrupte et douloureuse.

Le cas de figure inverse, une « Réalité » très importante par rapport à un « Rêve » de taille ordinaire, ne donne pas de meilleurs résultats car, dans cette situation, vous manquerez d'énergie à consacrer à votre projet, à votre plan. Vous n'aurez pas assez de punch, de peps, de ce je-ne-sais-quoi qui fait que ça vaut le coup de vous lever le matin, qui vous donne envie de découvrir de quoi la journée sera faite.

En revanche, lorsque le rêve est à la bonne taille, lorsqu'il se confronte à une « réalité » de sa dimension, lorsque ces deux éléments sont proportionnés, vous relevez le défi, vous vous organisez, vous allez de l'avant en faisant preuve d'une belle énergie.

En effet, le rêve donne l'énergie, la passion pour se lancer dans un nouveau cycle de vie, mais sans planification, le rêve reste un fantasme, une illusion. Planifier les différentes phases de votre démarche vous permet de réaliser votre projet de vie, mais sans rêve, l'activité de planifier devient très contraignante, et pour certains, franchement ennuyeuse.

Comment transformer un rêve en un plan qui tienne la route ? L'exercice suivant vise à vous aider à cette question de toute actualité.

Exercice 6 – Un laissez-passer pour un rêve de taille

En vous servant de votre intuition, de votre imaginaire, de votre feeling, de votre « pif », écrivez les deux mots « Rêve » et « Réalité », de manière à vous représenter l'importance relative de l'un par rapport à l'autre. Inscrivez ces deux mots sur une feuille de papier sans réfléchir à votre manière de procéder pour ensuite remarquer la taille de votre « Rêve » par rapport à celle de la « Réalité » à laquelle il est confronté. Si la représentation trouvée pour votre « Rêve » est inférieure à celle que vous avez de la « Réalité » dans laquelle il doit prendre place, répondez à la question : de quelles permissions avez-vous besoin pour rêver votre rêve et le mener à bien ? Si vous trouvez que la représentation accordée à votre « Rêve » est plus grande que celle attribuée à la « Réalité », la même question se pose car, paradoxalement, ce que vous constatez résulte du même phénomène dans les deux cas ; il s'agit d'un manque de permissions, d'autorisations personnelles.

Si la représentation de la « Réalité » est plus grande que celle du « Rêve », les permissions que vous aurez à vous accorder vont toucher a priori à la possibilité de rêver « gratuitement ». Rêver gratuitement signifie rêver sans obligation de choisir à tout prix un chemin donné ou une voie d'action en un temps record, autrement dit, en prenant le temps nécessaire pour mettre au jour le projet qui vous conviendra, sans que celui-ci soit à réaliser rapidement, bien comme il faut.
Si la taille de la « Réalité » dépasse celle du « Rêve », les permissions dont vous avez besoin toucheront vraisemblablement à l'acceptation de vivre un égoïsme sain, c'est-à-dire, de mettre à profit les moyens que vous devez vous donner pour rester en phase avec vous-même, quelles que soient les circonstances dans lesquelles vous vous trouvez et quelle que soit la personne en face de vous. Vous avez un devoir vis-à-vis de vous-même de vivre le mieux possible, ce qui encourage vos partenaires de communication provisoires autant que vos partenaires de vie permanents à en faire autant.
Alors, de quelles permissions avez-vous besoin pour rêver votre rêve et le mener à bien ? Que faudrait-il vous autoriser ? Prenez-en note, et profitez de cette occasion pour noter également les moyens que vous vous donnerez pour vous démontrer que vous aurez mis ces permissions en œuvre.

3

UTILISEZ VOTRE POSSIBILITÉ DE TRANSFORMER LE PLOMB EN OR

Bonne façon n° 3 : la « formule magique » valable à tous les âges

FAITES DE L'ALCHIMIE GRÂCE À CETTE FORMULE qui permet de transmuter le plomb en or.

Pour faire d'une transition, une transformation et de tout ce qui arrive, un allié, il importe de maintenir ce qui est bon, de lâcher ce qui ne l'est plus, d'entreprendre, d'innover, d'accepter de nouveaux objectifs et défis et de bouger votre vie en étant proactif.

Ce chapitre vous encourage à jouer un rôle encore plus important dans la (re)création de votre projet et dans votre vie.

Et d'abord une petite devinette pour vous mettre en train : d'après vous qu'est-ce que la chenille appelle « fin du monde » ?

Tournez la page pour avoir la réponse

Figure 6 – La « Formule Magique »

Ce que la chenille appelle la fin du monde,
le maître l'appelle un papillon.

Proverbe Yiddish

EN QUATRE MOTS

La formule magique vous aide à grandir en tant qu'adulte car elle vous sert de fil conducteur à des périodes charnières de votre vie. Chaque étape vous amène à réaliser des tâches spécifiques à votre développement. Réaliser ces tâches nous est plus facile si nous nous laissons guider par la Formule Magique :

Maintenez – Relâchez – Entreprenez – Bougez

- *Maintenez* : Il s'agit non seulement de garder ce qui fonctionne bien, mais aussi de le faire fructifier, de l'enrichir.
- *Relâchez* : Il est essentiel de lâcher ce qui est en trop, de laisser tomber ce qui n'est plus d'actualité pour vous, de vous débarrasser de ce qui vous encombre car non seulement cela ne vous sert plus, mais risque de vous alourdir pour le voyage que vous avez en perspective.
- *Entreprenez* : Il importe d'accepter de nouveaux projets, de relever de nouveaux défis, d'explorer de nouvelles options et de nouveaux territoires.
- *Bougez* : Comme l'enjoint une pub célèbre, il faut y aller, tout simplement. Il faut se remuer effectivement ; vous devez vous engager dans de nouvelles voies afin de réaliser vos projets ; il est nécessaire de vous mettre en mouvement pour prendre en charge vos rêves et faire qu'ils deviennent réalité.

Regardons cette formule de plus près. Vous aurez à décider de ce qui est effectivement à maintenir, relâcher, entreprendre et bouger.

Maintenez

Maintenez ce qui est valable pour vous, ce qui vous a aidé à grandir, et vous aidera encore à devenir un « adulte sage », c'est-à-dire un adulte qui saura être plus heureux avec son partenaire et avec d'autres personnes de son âge qu'avec ses enfants, même quand ils sont adultes, et saura s'émerveiller du monde, s'amuser et se comporter comme un enfant avec son partenaire.

Maintenez ce qui fonctionne bien pour vous, « ne jetez pas le bébé avec l'eau du bain ». Au cours de vos années adultes vous avez acquis des capacités, développé des attitudes saines et des comportements efficaces. Sachez séparer le bon grain de l'ivraie. Conservez précieusement les meilleures semences que vous planterez pour le prochain chapitre de votre vie.

Distinguez les amis de convenance de ceux qui viennent quand vous les appelez à deux heures du matin. Entretenez des amitiés fidèles.

Apprenez en priorité à préserver et à maintenir ce qui a de la valeur pour vous avant d'entreprendre quoi que ce soit d'autre.

Relâchez

Renoncez à tout ce qui vous bloque, vous freine, à tout ce qui vous empêche et vous met des bâtons dans les roues. Ne vous contentez pas de couper la chaîne qui vous relie au boulet, découpez en morceaux la chaîne elle-même et débarrassez-vous en aussi. Rappelez-vous : « La perte est le prix de la vie »[1].

Gardez à l'esprit que le monde a changé et qu'il continuera à changer, que les valeurs d'hier n'ont plus cours aujourd'hui. Abandonnez les vieilles règles.

---

1. Viorst, J., *Les Renoncements Nécessaires*, Robert Laffont, 1988.

Faites tous les ans « un grand nettoyage de printemps ». Jetez tous les objets inutiles, les vieux souvenirs encombrants, tous ces morceaux de chaînes qui nous rattachent au passé. Mettez le tout dans un grand sac, ajoutez-y vos vieilles habitudes, jetez le tout à la décharge.

Personne ne peut entreprendre un voyage en terre inconnue en chargeant sa mule de choses inutiles. Comment imaginer un bernard-l'hermite qui passerait de coquille en coquille en emportant avec lui toutes les vieilles coquilles qu'il a habitées.

Échangez vos illusions d'un idéal d'amitié, d'un mariage, d'enfants et d'une vie de famille parfaits contre les imperfections savoureuses de vrais rapports humains.

À la raideur d'une recherche d'un idéal de perfection, substituez la souplesse d'une permanente adaptation, la seule en mesure de suivre la cadence de votre évolution et de vous offrir des occasions de transformations créatrices.

Entreprenez

Formez-vous en permanence. Apprenez et apprenez à apprendre. Acquérez de nouvelles capacités, de nouvelles attitudes. Faites l'expérience de nouveaux comportements, affirmez-vous, apprenez à dire « oui » quand vous pensez oui et « non » quand vous pensez non. Apprenez à dire : « je veux », « je ne veux pas », « j'ai envie », « je n'ai pas envie ». Apprenez à dire : « m… » et « merci ».

Le monde est en perpétuel changement. Ne faites pas de formations pour vous ajuster au monde, faites des formations qui vous permettront de devancer le changement. Toute formation que vous suivez doit être synonyme de transformation. La réalité change, soyez acteur, voire précurseur, et non suiveur du changement.

Soyez en perpétuelle mutation, éveillé, et chaque jour un peu plus vous-même.

Ce que vous devez apprendre ce n'est pas à changer une fois, c'est de vous transformer sans cesse pour être proactif dans toute situation.

Pour rester présent au monde et à vous-même, vous aurez à devenir contemporain du futur.

Votre environnement est l'université qui vous attend pour mener à bien votre propre programme d'études, un programme dont vous êtes autant le directeur que le formateur et l'apprenant.

Bougez

Quand maintenir, relâcher et entreprendre s'ajoutent, s'enchevêtrent, se fusionnent, s'organisent en un réseau de possibilités et que vous prenez pleinement conscience de vos ressources ainsi que de celles de votre environnement, vous bougez.

Réapprenez à rêver et à être réaliste en même temps et à parts égales. Ne vous nourrissez pas d'illusions, ne laissez pas la réalité vous manger.

Élaborez un projet professionnel qui s'inscrive dans votre projet de vie.

Élaborez un projet de vie qui inclut vos rêves et l'ensemble de vos ressources.

Explorez tous les chemins possibles, vérifiez sans cesse votre motivation à l'égard de vos buts et de vos objectifs. Précisez les objectifs que vous désirez atteindre, en vue de la modification de votre chapitre de vie.

Ne refaites pas sans cesse des transitions de type 1 par peur d'aller plus loin, par crainte de changer radicalement d'orientation, de projet ; acceptez de lâcher prise.

Vivez pleinement la phase de cocooning, adoptez de nouvelles valeurs, développez de nouvelles attitudes, de nouvelles capacités, de nouveaux comportements en adéquation avec votre projet de vie.

Acceptez le fait que vous devez vous développer jusqu'à la fin et vivre jusqu'à votre mort. Apprenez à ne pas être parfait, acceptez que le monde ne le soit pas non plus. Savourez l'imperfection des rapports humains.

Élaborez une folie à deux avec quelqu'un avec qui vous vous sentez en sécurité. Formez un groupe professionnel chaleureux.

Affichez dans un endroit, où vous êtes sûr de le lire au moins une fois par jour, cette phrase que Marguerite Yourcenar fait dire à Hadrien : « Le véritable lieu de naissance est celui où l'on a porté un coup d'œil intelligent sur soi-même. »[1]

Exercice 7 – Conjuguez la « Formule Magique » à tous les temps

Afin de conjuguer la « Formule Magique » à tous les temps, il est intéressant de revisiter divers moments de votre parcours de vie pour vous rappeler et remémorer comment vous avez déjà appliqué ces principes au fil des années. Prendre conscience des moyens dont vous vous êtes servis auparavant pour maintenir ce que vous souhaitiez faire perdurer, lâcher prise sur ce qui était à laisser de côté, entreprendre ce qui était nécessaire à faire évoluer votre vie, vous permet de réactualiser ces méthodes et de les mettre à profit de nouveau en les remettant au goût du jour.

Prenez le temps de noter tout ce qui vous a aidé à lâcher ce qui ne fonctionnait plus, en dépit de votre peur de manquer, malgré le fait de ne pas savoir si ce que vous comptiez faire était vraiment en accord avec vos nécessités du moment, même si vous doutiez de ne pas trouver aussi bien ailleurs. Pour quitter les confins de la sécurité et oser entrer dans l'inconnu rappelez-vous ces sages paroles de Mark Twain : « Rien n'est sûr, à part la mort et les impôts[2] ».

Souvenez-vous de ce que vous avez entrepris et mené à bien, malgré le manque de soutien de votre entourage qui ne comprenait pas le bien-fondé de votre démarche. Passez en revue ce que vous avez décidé et réussi en dépit des obstacles. Considérez ce que vous avez fait évoluer dans votre vie à différents moments, et comment vous vous y êtes pris, en repensant aux étapes du cycle

1. Yourcenar, M., *Mémoires d'Hadrien*, Éditions Gallimard, 1982.

2. Auteur et humoriste américain, père de Tom Sawyer et Huckleberry Finn.

de changement. N'oubliez pas non plus de prendre note de ce que vous avez gardé, de ce que vous avez maintenu et fait fructifier. Servez-vous de ce qui a fait ses preuves auparavant. Il n'y a pas de mal à faire des essais. Vous avez sans doute déjà cumulé des expériences dans le domaine de changement alors, si ce que vous faites marche, continuez !

CONTINUEZ

En effet, si ce que vous faites marche, continuez ! Une expression américaine propose une analogie : « Si ce n'est pas cassé, ne le réparez pas. » Bien que certains intervenants en entreprise, sous couvert de « créativité », invoquent le contraire, à savoir : « Si ça marche, cassez-le ! », notre expérience nous incite à vous inviter, non pas à la prudence, mais au bon sens que reflète une démarche de maintenance et de prévention.

Pour cette raison, nous vous présentons une autre série de propositions, supplément à la « Formule Magique », dans la mesure où il est tout à fait possible de jouir déjà ce que l'on veut et ne pas se trouver affublé ce que l'on ne veut pas. Faites en sorte de vous simplifier la vie. Une réflexion analogue au rituel du grand nettoyage de printemps permet de faire le tri dans vos expériences pour apprécier votre vécu.

QUATRE OPTIONS POUR VOUS SIMPLIFIER LA VIE ET FAIRE QUE VOTRE FUTUR SOIT PLEIN D'AVENIR

Ce n'est pas parce que l'on s'intéresse à l'avenir, à l'évolution et au changement qu'on est nécessairement insatisfait du présent. Heureusement, il nous arrive à tous d'être satisfaits, voire ravis, enchantés, éblouis… de notre lot. Et, comme nous l'avons souligné en évoquant la carte du cycle de changement, lorsque tel est le cas, il est bon d'en profiter sans toutefois s'endormir sur ses lauriers. Effectivement, la maintenance d'un système, d'une entreprise, d'un mode de vie... demande de l'entretien. Il est nécessaire de prendre soin de l'existant pour le conserver, pour qu'il perdure.

Il arrive également, aussi étrange que cela puisse paraître, de ne pas avoir ce qu'on ne veut pas. Cette formulation surprenante met en relief le simple fait qu'il existe de nombreuses expériences qu'on ne souhaite pas faire, qu'il y ait une foule de situations qu'on est très heureux de ne pas avoir à confronter : une maladie incurable, voire invalidante, la faim, la pauvreté, la guerre, etc., des choses sans lesquelles on se porte très bien, merci.

Bien entendu, le manque peut aussi être expérimenté, accompagné du désir d'avoir ce qu'on ne possède pas, voire, d'avoir autre chose que ce qu'on a à l'instant. La publicité, le marketing prennent ici leur place, où la démarche consiste à créer un besoin en proposant un moyen (le produit dont les mérites sont vantés) pour le remplir.

Corollaire, n'oubliez pas non plus qu'il se peut qu'on ait ce qu'on ne veut pas ou ce qu'on ne veut plus. Il faut éliminer !

Tous les cas de figures du tableau 2 existent. Pour cette raison, nous vous proposons de considérer les quatre options pour vous simplifier la vie et faire que votre futur soit plein d'avenir.

Imaginez que :

1. **Vous avez ce que vous voulez.** Dans ce cas, il est légitime de chercher à le maintenir, à le garder, à valider le statu quo, à valoriser, voire à optimiser, l'existant.
2. **Vous n'avez pas ce que vous voulez.** Il est logique de chercher à acquérir ce qui manque, à vous approprier ce qui fait défaut, à prendre ce qui vous fait envie, à apprendre ce dont vous avez besoin.

3. **Vous avez ce que vous ne voulez pas.** Votre geste sera d'éliminer, de rejeter, d'abandonner, de lâcher tout ce qui vous encombre ou vous entrave.
4. **Vous n'avez pas ce que vous ne voulez pas.** Il est cohérent de chercher à vous protéger, à vous prémunir contre, à vous préserver de ce qui pourrait vous mettre en difficulté, vous défavoriser, vous nuire.

Tableau 2 – Quatre options pour simplifier la vie et faire que votre futur soit plein d'avenir

AVOIR → / VOULOIR ↓ / OPTIONS ↘	Ce que vous avez	Ce que vous voulez
Ce que vous voulez	Vous avez ce que vous voulez : – Vous maintenez ; – Vous gardez ; – Vous validez ; – Vous valorisez.	Vous n'avez pas ce que vous voulez : – Vous acquérez ; – Vous vous appropriez ; – Vous obtenez ; – Vous apprenez.
Ce que vous ne voulez pas	Vous avez ce que ne vous voulez pas : – Vous éliminez ; – Vous rejetez ; – Vous abandonnez ; – Vous relâchez.	Vous n'avez pas ce que vous ne voulez pas : – Vous vous en protégez ; – Vous vous en prémunissez ; – Vous vous en prévenez ; – Vous vous en préservez.

Il semble facile de comprendre comment ces quatre options peuvent vous simplifier la vie. Mais, comme c'est souvent le cas pour le bon sens et la sagesse populaire, il y a un fossé entre la compréhension et l'application des principes proposés. Et, il se peut que ces options vous paraissent plus évidentes à appréhender intellectuellement qu'à mettre en œuvre pour préparer le prochain chapitre de votre vie.

LE TRIPTYQUE DE L'EXPÉRIENCE HUMAINE

Pour vous aider à réfléchir sur ce que vous allez maintenir, relâcher, entreprendre et bouger pour le prochain chapitre de votre vie, nous vous rappelons les trois registres d'expérience humaine. Il ne s'agit pas de minimiser la richesse de l'être humain, au contraire, nous cherchons à rendre accessible la complexité de son fonctionnement.

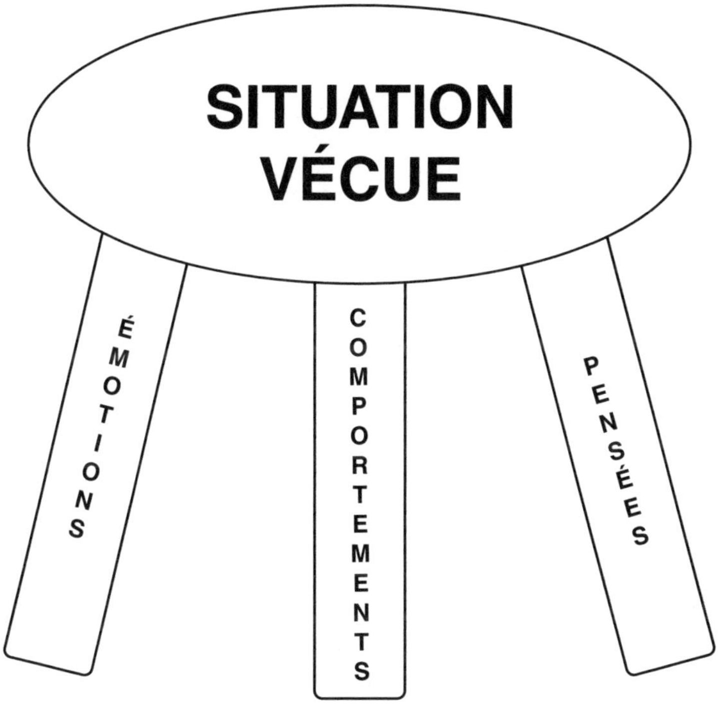

Vous pensiez que l'homme n'était qu'un bipède ?
Voilà une belle occasion de désapprendre une idée reçue !

Figure 7 – Le trépied de l'être humain

Tout être humain dispose de trois grands répertoires : affectif, cognitif, comportemental. Toute action, quelles qu'en soient sa nature et sa raison d'être, comprend des composantes affectives – les émotions, le ressenti ; cognitives – la pensée, la réflexion ; comportementales – les comportements, les actes. Quoi qu'on fasse, on engage effectivement une combinaison de ces trois registres.

Une question clé se pose alors : pour décider ce que vous voulez garder, acquérir, éliminer ou prévenir, quel est le poids relatif de chacun de ces registres ? Comment s'organisent-ils pour vous aider à déterminer le chemin à poursuivre pour le prochain chapitre de votre vie ?

Exercice 8 – Sur quel pied danser

Quelle est votre « porte d'entrée » à l'expérience ? Avez-vous davantage d'aisance dans l'expression de vos émotions, dans la réflexion ou dans l'action ? Et, que préférez-vous que l'on vous propose pour entrer en contact avec vous ?

Ces questions vous invitent à réfléchir sur votre flexibilité, votre souplesse relative en matière de communication, que ce soit avec vous-même ou avec les autres. Sur quel pied dansez-vous habituellement ? Est-ce que la danse relationnelle que vous engagez vous convient, vous permet d'avancer dans la vie et d'atteindre vos objectifs ? Vous arrive-t-il de marcher parfois sur les pieds de vos partenaires ou de vous faire marcher dessus ? Sans doute désirez-vous apporter quelques aménagements à votre situation. L'exercice 9 vous aidera à les choisir et à décider comment les réaliser.

EN AVANT, MARCHE !

Dans l'exercice 7, nous vous avons invités à faire un retour en arrière pour aller vers l'avant. Bien que nous estimions cette démarche importante, force est de reconnaître que, pour conduire une voiture, on ne peut pas se contenter de contempler ce qui se perçoit dans le rétroviseur uniquement ; il faut regarder devant pour aller vers l'avant. Personne, à notre connaissance, n'a réussi à construire un projet de vie en prêtant seulement attention au passé ; il faut s'occuper de ce que l'on veut pour l'avenir puis agir à l'instant présent pour réaliser ce que l'on a décidé. Et c'est précisément pour cette raison que nous vous invitons à réaliser l'exercice suivant.

Exercice 9 – Petit orage de cerveau : il pleut des idées

Au travers de la proposition de conjuguer la « Formule Magique » au passé, au présent, à l'avenir, vous avez remarqué comment elle prend appui sur les quatre options pour vous simplifier la vie et s'applique au triptyque de l'expérience humaine.

Nous vous proposons maintenant de reprendre votre réflexion initiée par l'exercice 8 « Sur quel pied danser » afin de la confronter aux « Quatre options pour vous simplifier la vie ». Ces options vous serviront de fil conducteur pour la réflexion que vous mènerez pendant cet exercice qui ne comporte que deux questions.

Voici la première : Pour bien vivre le prochain chapitre de votre vie, que décidez-vous ?

- Maintenir,
- Acquérir,
- Éliminer,
- Prévenir.

Et la deuxième : Pour bien vivre le prochain chapitre de votre vie, comment allez-vous faire ce que vous avez décidé ?

Reprenez maintenant la liste de tout ce que vous avez décidé de maintenir, acquérir, éliminer, prévenir. Face à chaque item, inscrivez un minimum de trois moyens différents qui permettent de faire ce que vous avez décidé.

Par exemple, si vous décidez d'éliminer les comportements tabagiques, listez les activités, les actions, les comportements que vous mettrez à la place. Si vous avez choisi de maintenir une alimentation équilibrée, notez ce que vous allez faire pour continuer à vous nourrir de cette façon-là. Si vous avez opté de vous prémunir contre des pensées négatives, prenez note de ce que vous mettrez en place pour que vos pensées restent neutres. Et ainsi de suite. Que vous choisissiez de maintenir une pensée aidante, d'acquérir de nouveaux comportements, d'éliminer ceux que vous estimez inadéquats, de vous prémunir contre une émotivité excessive..., c'est vous qui décidez quoi faire et comment vous y prendre.

4

ENTRETENEZ L'ESSENTIEL

Bonne façon n° 4 : réévaluez et réactualisez vos valeurs tout au long de votre vie

QU'EST-CE QUI FAIT COURIR L'ÊTRE HUMAIN ? Les valeurs fondamentales. Elles le motivent, le guident, l'orientent, l'attirent et l'engagent, en participant à créer et à maintenir l'image qu'il a de lui-même, à un moment donné de son évolution. Elles permettent d'attribuer une signification au vécu, de donner du sens à la vie et de trouver sa raison d'être.

Vivre en accord avec ses valeurs permet de parvenir à une cohérence interne. Le contact est alors permanent avec une ressource qui fait avancer, car les valeurs sont aussi une source de motivation et d'énergie profonde.

Cependant, ces valeurs changent tout au long de la vie : ce qui était important à 20 ans, ne l'est plus forcément à 40 ou à 50 ans. Ainsi, chaque chapitre de vie est-il guidé par quelques valeurs dominantes qui constituent à la fois une carte et une boussole.

Pour vivre en harmonie, il est nécessaire de connaître et de faire vivre ses valeurs prioritaires. Pour cela, il est bon de savoir lesquelles réclament l'attention à cette époque de la vie, afin de pouvoir disposer des moyens de les accepter comme guide et de les exprimer pleinement.

QU'EST-CE QU'UNE VALEUR ?

Une valeur est une conviction profonde qu'un mode de conduite est supérieur à un autre pour mener sa vie et atteindre ses objectifs. Par « mode de conduite », on entend un ensemble d'attitudes mentales et une façon de se comporter qui semble personnellement et socialement préférable à une autre.

Le fait de travailler dur, d'aider les autres, de faire preuve de courage, de compétence, d'honnêteté, d'avoir une vie confortable, sûre ou excitante, un environnement sain et beau, la liberté, l'égalité, le plaisir, la sécurité, l'amitié, le salut de son âme, la joie de vivre, etc., en sont des exemples. Ces valeurs sont considérées comme supérieures parce qu'elles maintiennent les convictions d'un idéal de vie personnelle : « Il faut travailler dur, si on veut réussir sa vie. », ou de vie sociale : « Chaque citoyen doit obéir aux lois et respecter l'autorité, » ou bien « L'anarchie c'est l'ordre sans le pouvoir ».

Une valeur est un idéal assez abstrait auquel on adhère de manière plus ou moins réfléchie et qui va influencer la manière d'agir et de conduire sa vie. Le fait d'être persuadé qu'il faut « travailler dur », « aider les autres » ou « rechercher une vie confortable » va affecter les comportements dans des centaines de situations extrêmement diverses.

De nombreux chercheurs en psychologie et en sociologie ont réfléchi sur les valeurs. Combien de valeurs y a-t-il ? Peut-on les classer, les hiérarchiser ? Changent-elles selon l'évolution de la société ou l'âge de la personne ? Quel est l'impact d'un tel changement sur l'individu ? Comment trouver son chemin à travers des valeurs individuelles et collectives ?

Pour vous aider à vous retrouver dans cette troisième carte, voici les 6 valeurs fondamentales que nous avons retenues, ainsi que la logique de chacune d'entre elles :

- Pouvoir personnel : s'approprier.
- Accomplissement : se prouver.
- Intimité : partager.
- Jeu et créativité : s'exprimer.
- Recherche de sens : s'intégrer.
- Compassion et contribution : se donner.

En parcourant cette liste, peut-être avez-vous déjà quelques idées sur les valeurs qui sont les vôtres à cette époque de votre vie. Il se peut que vous ayez encore des interrogations et que vous souhaitiez vous faire guider dans votre recherche. Les exercices de ce chapitre serviront à vous faire découvrir aussi bien vos valeurs fondamentales actuelles que celles que vous vous proposez de suivre dans le prochain chapitre de votre vie, car chacun d'eux repose sur une valeur fondamentale potentiellement différente de celle du chapitre précédent.

Chaque chapitre est dominé, à des degrés différents, par trois valeurs majeures. Au cours de la vie, les valeurs demeurent, mais l'ordre de priorité et les modes d'expression se modifient de telle façon que cette vie s'en trouve transformée.

Comment connaître les valeurs qui sont les siennes à ce moment de sa vie ? En s'observant de très près, bien entendu, sans jugement ni reproches. Toutes les valeurs sont valables ; aucune n'est meilleure qu'une autre. Aucune n'est idéale, bien qu'elles renvoient toutes sur nos idéaux. Elles renseignent sur ce qui est recherché, ce vers quoi l'on tend, sans nécessairement jamais l'atteindre. À ce titre, les valeurs sont une source de motivation essentielle. Nous vous proposons un exercice de découverte afin de vous sensibiliser à vos valeurs, et à ce qui pourrait vous motiver si vous viviez sans contraintes.

Exercice 10 – Idéalement… qu'est-ce que vous feriez ?

Voici l'occasion d'ébaucher vos valeurs fondamentales à travers l'évocation de l'organisation de votre vie idéale. Nous vous invitons à réaliser cet exercice en laissant libre cours à votre imagination, en vous laissant rêver sans contraintes ni limites.

Prenez le temps de vous installer tranquillement sans que quoi que ce soit ni quiconque puisse vous déranger. Laissez votre esprit s'évader, divaguer, se distraire et s'ouvrir pour imaginer la situation de vie suivante : vous n'avez aucune contrainte d'ordre financier, aucune obligation quelle qu'elle soit de gagner votre vie ; vous disposez de tout votre temps pour en faire ce que vous voulez. Dans cette situation-là, que faites-vous ? Comment vivez-vous ? De quelle façon occupez-vous votre temps ? Notez tout ce qui vous passe par l'esprit ; écrivez au minimum une dizaine de lignes.

Et maintenant, prenez le temps de répondre à la deuxième question : pourquoi ? Pourquoi feriez-vous cela ? Au service de quel idéal agissez-vous ainsi ? À quoi correspondent les choix que vous mettez en avant ? Quelles valeurs seraient satisfaites par un tel emploi du temps, par de telles activités ?

Sans doute, à l'issue de cette première expérience avez-vous des hypothèses concernant vos valeurs à l'œuvre, fondamentales. La présentation approfondie des valeurs vous permettra d'affiner votre compréhension de ce concept et de confirmer, ou non, vos suppositions.

LE POUVOIR PERSONNEL : S'APPROPRIER

Le pouvoir personnel est lié à un besoin d'affirmation de soi, au besoin de s'affirmer dans le monde, de se différencier des autres, d'avoir une identité forte, et un impact sur l'environnement. L'expérience du pouvoir personnel est sous-tendue, avant tout, par le désir d'être efficace, d'atteindre des objectifs ambitieux et d'agir pour soi-même. On prend une position de leader, dont la volonté est de commettre des actes qui laissent voir sa griffe sur le monde.

La recherche d'estime de soi et de confiance en soi, le désir d'être en contact avec son identité intégrée, d'avoir

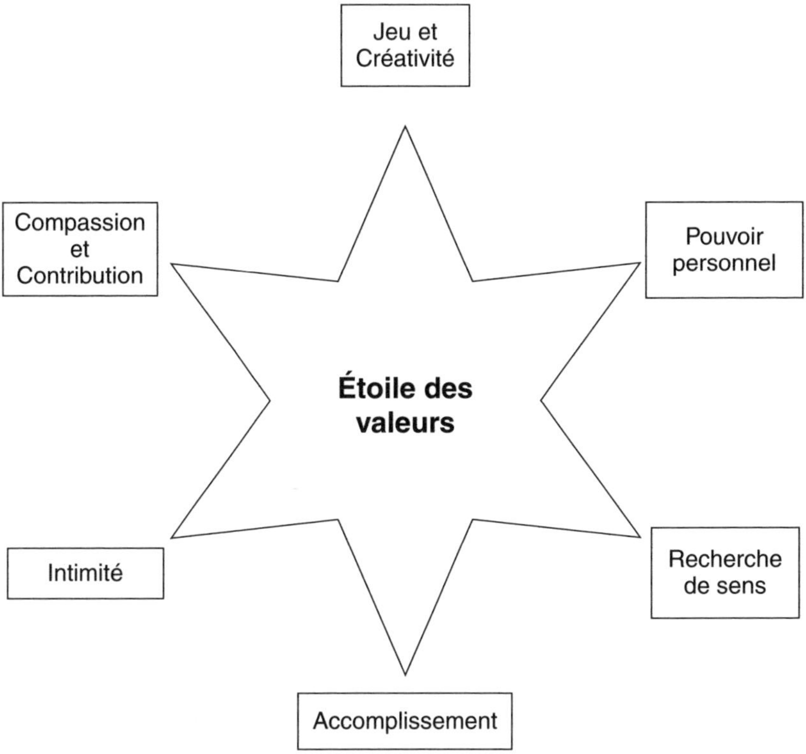

Figure 8 – La carte des valeurs fondamentales

de la motivation interne, un sentiment positif de soi et des frontières du moi claires, faire preuve de l'amour de soi, de courage, voire de bravoure, sont la démonstration de la valeur « pouvoir personnel ».

Lorsque cette valeur est dominante, il faut développer des moyens sains qui permettent de l'accroître et de la satisfaire. Par exemple : suivre une formation, ou des séminaires de développement personnel, s'affirmer dans les situations les plus banales de la vie quotidienne, fréquenter des personnes positives, équilibrer ses divers domaines de vie, rester engagé envers ses buts personnels, prendre soin de son corps, utiliser ses compétences de leader, démarrer et respecter un plan financier, gérer son temps efficacement, créer un réseau d'alliances stratégiques, créer des rituels personnels et personnalisés.

L'ACCOMPLISSEMENT : SE PROUVER

La deuxième valeur est liée à l'accomplissement. Elle répond au besoin de prouver sa réussite à soi-même et aux autres, qu'on a su comment fixer des buts, des objectifs et qu'ils ont été atteints, voire dépassés. Quand cette valeur est dominante, l'ambition déborde. On veut lancer et réaliser des projets, travailler dur, gagner de l'argent et être reconnu pour cela. On reconnaît l'intérêt et l'importance de travailler en équipe et d'impliquer les autres dans sa réussite, soit en tant que partenaires dans la réalisation des projets, soit en tant que spectateurs de sa propre performance.

Quelques mots clés associés à cette valeur : atteindre des objectifs ambitieux, conduire des projets, travailler, gagner, participer à des compétitions sportives, avoir de l'ambition, obtenir des résultats, de la reconnaissance et de l'argent, suivre ses convictions, agir.

Parmi les moyens permettant de satisfaire cette valeur : se donner des buts et des objectifs clairs, gérer son temps, rester focalisé, fréquenter des gens positifs et en bonne santé, se faire des amis qui soient des gagnants, devenir membre de réseaux professionnels, faire un bilan de compétence, continuer sa formation, évaluer régulièrement ses progrès et apprécier le chemin parcouru.

L'INTIMITÉ : PARTAGER

L'intimité c'est le besoin de vivre des relations dans lesquelles, en toute sécurité ontologique, les sentiments et les émotions peuvent être exprimés dans l'ici et maintenant de la relation et le ressenti des partenaires de communication accueilli de manière confiante et ouverte.

L'intimité introduit la recherche d'une relation claire, transparente, gratuite, d'une relation pour elle-même, en dehors de toute fonction commerciale ou productive.

Elle remet en contact avec le potentiel de créativité, de joie et d'étonnement. Elle invite à créer des liens relationnels qui existent, en lesquels, et au sein desquels, chacun peut s'exprimer à sa manière et être accepté dans sa différence. Dans la création d'une nouvelle forme de relation, elle fait redécouvrir la dimension poétique personnelle et celle de l'autre.

Les mots clés associés à cette valeur sont : aimer, être aimé, s'attacher, prendre soin, être intime, réussir des relations privilégiées, toucher, se sentir proche, créer un nid, créer un couple, être parent, être un ami.

Les activités qui sous-tendent cette valeur sont : parler authentiquement avec le cœur, être un ami, partager des expériences, s'émouvoir, rechercher le juste milieu et l'équilibre en toutes choses, s'ouvrir à de nouvelles possibilités, toucher, accepter ce qui est, éviter de blâmer, faire face aux conflits et rechercher des solutions, offrir de l'intimité et prendre le risque d'être rejeté, aimer.

LE JEU ET LA CRÉATIVITÉ : S'EXPRIMER

La valeur du jeu et de la créativité ne renvoie pas à une activité ayant un but en soi. Au contraire, le jeu est une activité qui n'est pas orientée vers un but justement, c'est un geste qui ne vise aucune production. L'expression de la valeur jeu et créativité invite à être heureux, à se contenter de ce que l'on fait, sans chercher à atteindre un objectif quelconque.

Quand cette valeur est dominante, le travail devient une partie de plaisir. Bien que l'esprit novateur cherche à s'exprimer dans le travail, ce dernier n'est jamais considéré comme une corvée, mais comme une source de découverte, d'innovation, de créativité et de bien-être. Quand cette valeur pousse à travailler fort, c'est parce que le travail constitue une satisfaction en soi, et non un moyen d'obtenir l'estime des supérieurs ou des collègues. Cette valeur invite à n'être ni conformiste, ni anticonformiste, mais à satisfaire le besoin d'indépendance. La personnalité trouve alors son épanouissement dans l'autonomie de pensée et d'action.

Les mots clés utilisés pour décrire les personnes chez qui cette valeur est prépondérante sont : imaginatif, intuitif, spontané, original, expressif, drôle, artistique, joyeux, joueur, amusant, curieux, gamin, rigolo, sexy.

Parmi les moyens permettant de soutenir cette valeur : suivre notre intuition, apprendre des moyens simples de s'exprimer, se faire des amis amusants, chanter, bouger, créer, rire, sourire et prendre la vie du bon côté, ne pas se prendre trop au sérieux, suivre des stages de clown, d'expression corporelle ou artistique, des cours de peinture, de sculpture.

LA RECHERCHE DE SENS : S'INTÉGRER

La recherche de sens a à voir avec l'introspection, la spiritualité et la quête de sens de la vie. Cette valeur invite à rechercher des réponses à la question « pourquoi ? », « Pourquoi est-ce que j'agis ainsi ? », « Qu'est-ce que j'ai à faire dans le monde ? », « Que signifie ma présence ici, et quel est le sens de mes actes ? »

Tant que les réponses à la question « pourquoi ? » ne sont pas trouvées, une grande partie des actes manquent de signification ; ils n'ont pas de sens. Toutefois, le problème n'est pas tant de trouver des réponses vraies, bonnes ou justes, à la question « pourquoi ? », que d'accepter de se poser la question, car la recherche de sens prend toute sa signification lorsqu'on s'autorise à se questionner sans attente de réponse.

La recherche de sens répond à un besoin profond d'actualisation de soi, à une prise de conscience que chacun est unique et que sa mission première est de réaliser son potentiel et de faire fructifier ses talents. Pour satisfaire ce besoin, on doit se sentir coresponsable des événements qui se produisent dans la société, assumer la responsabilité de se connaître et de devenir ce qu'on doit devenir.

Quand cette valeur est dominante, on fait l'expérience de soi-même comme partie d'un ensemble plus vaste que soi. On s'engage plus facilement et plus profondément sur le plan politique et social. On devient de plus en plus interdépendant, c'est-à-dire, capable d'échanger et de communiquer de façon significative avec les autres. La recherche de sens est une recherche de la sagesse et non de la connaissance.

Quelques mots clés associés à cette valeur : la quête d'unicité, d'unité, d'intégrité, de paix, une connexion intérieure avec le tout, avec l'ensemble, la spiritualité, faire confiance au flux de la vie et à la sagesse intérieure, avoir le sens de la transcendance, de l'ineffable.

Parmi les moyens permettant de soutenir cette valeur : méditer ou prier tous les jours (même si vous n'êtes pas croyant), écouter votre soi intérieur, chercher des personnes plus âgées que vous qui soient des « sages », écouter de la musique, faire de l'introspection, se promener seul dans la nature, servir de mentor à d'autres personnes et de sponsor de votre âme, reconnaître ce qui est unique à chacun, apprendre votre histoire familiale, découvrir vos racines, lire des biographies, participer à un groupe de parole, se mettre à l'écoute des rythmes de l'univers pour se mouvoir en même temps, se mettre au diapason du cosmos.

LA COMPASSION ET LA CONTRIBUTION : SE DONNER

Motivé par cette valeur, la volonté naît d'œuvrer pour la construction d'un monde meilleur, de laisser un héritage, d'avoir une influence sur l'environnement, de se dévouer à une cause. Se développe alors une morale de l'engagement, une prise de conscience réfléchie de la situation, en particulier sociale, dans laquelle on se trouve.

On éprouve la nécessité d'aider les autres dans le contexte de ses valeurs personnelles et sociales. Au concept de rendement se substitue la notion d'efficacité personnelle et sociale. Cette valeur invite à mettre ses forces au service d'une cause, comme la coopération, le service social, religieux ou associatif. Les valeurs matérielles ou économiques sont alors mises au service de la valeur de compassion et contribution.

Quand cette valeur est dominante se développe une prise de conscience forte que chacun sur cette terre est lié au même destin, que les ressources de la planète ne sont pas inépuisables, que le monde n'est ni un puits sans fond dans lequel puiser sans fin des ressources, ni une poubelle dans laquelle jeter impunément ses détritus, que le même air et la même eau sont partagés, et que leur préservation est une cause qui mérite de s'y engager à fond. Peut-être la déclaration de Noam Chomsky est-elle un appui : « À ce stade de l'histoire, il n'y a qu'une alternative, ou bien la population prend sa destinée en main et se préoccupe de l'intérêt général, guidée en cela par des valeurs de solidarité et d'altruisme ou bien c'en sera fait de sa destinée tout court.[1] »

---

1. *Les Médias et les Illusions Nécessaires*, 1992. Un film sur l'engagement politique et social de Noam Chomsky, ancien professeur de linguistique de Harvard, père de la grammaire transformationnelle, militant.

Les personnes motivées par cette valeur seront les leaders de ce mouvement.

Les mots clés associés à cette valeur sont : s'améliorer, aider, nourrir, réformer, laisser un monde meilleur, transmettre, se régénérer, servir, s'engager sur le plan social et pour l'environnement, soutenir des institutions, des universités, des associations, faire du bénévolat.

Les moyens qui permettent de faire vivre cette valeur sont : se ressourcer en donnant, transmettre les dons reçus en les ayant enrichis, vivre selon la règle d'or, avoir le sens de la justice, rendre service, rechercher l'harmonie, chercher la paix à tous les niveaux, promouvoir ce qui est unique à chacun, signer des pétitions et participer à des manifestations pour soutenir des causes en lesquelles on croit, participer à des associations d'aide humanitaire, soutenir sa cause préférée, et comme disait Platon : « Préparez-vous à mourir dignement. »

Maintenant que vous avez pris connaissance des six valeurs fondamentales, vous êtes mieux armés pour reconnaître celles qui vous guident à ce moment de votre vie. Prenez en note de façon à vous en servir pour réaliser l'exercice suivant.

Exercice 11 – Mon but dans la vie, c'est…

Quel est votre but dans la vie ? Pourquoi vous faites ce que vous faites ? À quoi ça sert ?

Nous vous invitons à prendre le temps d'écrire la fin de la phrase qui sert de titre à cet exercice : « Le but dans ma vie c'est… ».

Pour cela, il est sage de vous octroyer un temps de répit pendant lequel personne ne vous dérangera et un espace dans lequel vous détendre. En prenant tout le temps dont vous aurez besoin, rien ne presse, vous pourrez commencer par écrire des paragraphes, si vous le souhaitez, ou des pages entières, pour ensuite simplifier, clarifier, distiller votre déclaration afin qu'il n'en reste que la quinzaine de mots qui compléteront cette phrase : « Mon but dans la vie c'est… ».

Vous pourrez procéder par étapes, si le cœur vous en dit. Commencez en relisant la liste de vos valeurs fondamentales à ce moment de votre vie, en reprenant profondément contact avec elles, puis, laissez-vous guider par votre intuition, par votre inspiration ; laissez-vous porter par la connaissance et la reconnaissance que vous avez de vous-même pour écrire : « Le but dans ma vie, c'est... » en découvrant comment les valeurs qui vous animent actuellement trouvent une expression dans les mots que vous utilisez.

Lorsque vous aurez distillé votre pensée, terminé votre phrase, complété votre déclaration, peut-être aurez-vous envie de la lire à quelqu'un qui vous est cher, ou bien éprouverez-vous l'envie de donner à votre déclaration un support plus élégant, plus artistique, plus sophistiqué ou plus juste. Et vous pourrez le faire, bien entendu, avant de choisir l'endroit où vous afficherez votre phrase pour vous en souvenir et qu'elle vous soutienne au cours du prochain chapitre de votre vie car elle pourra vous servir de mantra, de slogan, de point de repère pendant un temps.

VALEURS ET BESOINS : UN LIEN INDISSOLUBLE

Ce n'est pas un scoop ; vous l'avez remarqué aussi : on n'est pas heureux en permanence ! Mais quels rôles jouent les valeurs là-dedans ? On sait bien que l'on souffre si les besoins ne sont pas satisfaits. Le lien étroit qu'ils entretiennent avec les valeurs fait que l'on souffre également si ne sont pas trouvés les moyens adéquats pour exprimer les valeurs ou si l'expression qui en est choisie ne trouve pas de validation auprès des autres autour.

Tout le monde a vécu des moments pendant lesquels les valeurs étaient pleinement satisfaites, même si c'était pour de courtes périodes. Lorsque les moyens ont été trouvés pour satisfaire les besoins et les valeurs, ça se sent – littéralement ! En effet, la satisfaction des valeurs est en relation directe avec les émotions qui servent, à leur tour, de baromètre par rapport à elles.

Quand les valeurs sont remplies, les émotions sont au beau fixe : on est motivé, heureux de vivre la vie que l'on vit. Lorsque les valeurs sont moyennement satisfaites, on est normalement content de son lot, on va banalement bien, en assurant le minimum, en faisant le nécessaire, même si c'est routinier. Si les valeurs ne sont pas satisfaites, sur une période suffisamment longue, on ressent la tempête qui gronde, l'horizon qui s'assombrit, la démotivation, le chagrin, le malheur.

Et, peut-il en être autrement ? À cette question, heureusement, la réponse est : non ! C'est comme ça, et c'est bien ainsi. les émotions reflètent la satisfaction des valeurs et indiquent une position par rapport au bien-être. De cette façon, elles invitent à réagir à la situation et prendre les décisions qui s'imposent pour effectuer des changements.

Alors, posez-vous d'autres questions qui encouragent votre croissance : comment faire pour faire vivre vos valeurs et satisfaire vos besoins ? Quels sont les différents moyens que vous avez déjà expérimentés et peut-être oubliés entre-temps ? Et comment font les autres pour faire vivre leurs valeurs et subvenir à leurs besoins ? Sans doute, pourriez-vous prendre modèle sur eux.

Exercice 12 – Un retour en arrière pour aller vers l'avant

Pour vous aider à continuer à apprécier l'importance de vos valeurs dans votre équilibre de vie, et ébaucher une réponse à la question posée précédemment : quels sont les autres moyens que vous avez déjà expérimentés et laissés de côté depuis ? Il est intéressant de mettre au jour des périodes plus ou moins longues, pendant lesquelles vos valeurs étaient satisfaites. Cela vous permettra de vous rappeler comment vous avez vécu ces situations-là, quelles étaient vos valeurs d'alors, et comment vous avez fait pour les satisfaire. Avec un petit retour sur le passé, vous pourrez retrouver quelques époques de bonheur, de joie, de motivation… qui vous indiquent que vous viviez en harmonie avec elles. Comment saviez-vous que ces activités vous convenaient, et comment aviez-vous su qu'il était temps de changer d'activité ou de les enrichir ?

En répondant à ces questions, vous pourrez vous découvrir une flexibilité comportementale que vous n'avez pas exploitée, voire, soupçonnée ! Cette flexibilité comportementale représente une ressource que vous pourrez solliciter au cours de votre lecture pour construire votre vie adulte.

Exercice 13 – Quels moyens pour marquer votre but ?

Vous savez sans doute quelles sont les trois valeurs principales à l'œuvre dans votre vie à l'instant. Et vous savez aussi à quel point il est essentiel de trouver des moyens pour les faire vivre au travers des activités diverses. Car, en donnant une expression adéquate à vos valeurs, vous vous proposez de satisfaire vos besoins et de réaliser votre but dans la vie.

Nous vous convoquons à une séance de créativité pour générer des moyens variés pour exprimer vos valeurs majeures. Il suffit de lister ces trois valeurs et, pour chacune d'entre elles, de noter autant d'options d'expression que vous trouvez à l'instant. Puis, dans les jours, les mois qui viennent, de reprendre cette liste pour l'augmenter et l'enrichir de :

- tout ce que vous faites qui illustre et soutienne ces valeurs ;
- ce que vous observez faire d'autre qui permette de donner une expression à ces valeurs.

Vous pourrez alors décider ce que vous souhaitez apporter comme complément à votre propre répertoire comportemental.

VIVRE EN ACCORD AVEC NOS VALEURS TOUT AU LONG DE NOTRE VIE

Chacune de ces valeurs reflète un aspect différent de vos convictions profondes, tout en se combinant et entrant en concurrence les unes avec les autres. Chacun puise à chaque instant dans ces six valeurs, en les combinant de manières diverses, en changeant leur ordre de priorité au fur et à mesure de son évolution et du développement de sa vie adulte.

Ce qui est important pour vous aujourd'hui va changer au cours de votre vie. Dans certains chapitres, deux ou trois de ces valeurs seront dominantes, mais à l'occasion d'une transition importante, leur ordre va changer. Ce qui est important à 40 ans est rarement ce qui l'a été à 20 ans. Chaque chapitre de votre vie est guidé par un nouveau classement de valeurs différent de celui qui a gouverné le chapitre précédent. Vos valeurs d'aujourd'hui ne seront pas nécessairement aidantes pour votre projet de vie de demain.

Trop souvent, les valeurs du début de notre vie adulte deviennent un carcan. Être en prise directe avec vos valeurs fondamentales à tout moment de votre vie est une ressource importante ; la violation de vos valeurs suscite du remords, de la culpabilité, des sentiments de honte et d'insuffisance personnelle.

Rien ne vous oblige à vous épuiser à chercher à satisfaire des valeurs qui sont devenues secondaires pour vous. Trop souvent, ne pas être en contact avec ses vraies valeurs fait perdre l'une des principales ressources. En acceptant l'idée que l'ordre de priorité de vos valeurs change, que chaque chapitre de votre vie est guidé par des valeurs différentes, vous restez en contact avec une source d'énergie inépuisable, un énorme réservoir de ressources, dans lequel vous pouvez puiser pour vivre pleinement et en harmonie avec vous-même chaque instant de votre vie.

5

EXPLOREZ, PRENEZ CONSCIENCE

Bonne façon n° 5 : utilisez les moyens qui vous permettent de mieux vous connaître et de décoder votre environnement

L'ÉVOLUTION PERMANENTE n'est plus un droit réservé au « *happy few* », elle est devenue pratiquement un devoir pour celui qui veut rester en phase avec le monde en marche.

Disposer de moyens pour savoir qui l'on est et pour qui l'on est pris, avoir conscience de soi : de ses désirs, engagements, espoirs, attentes… ; se reconnaître dans son unicité face aux autres, voici ce que nous vous proposons d'explorer au travers des aires de conscience.

Car, pour construire sa vie, on est amené en permanence à se poser une question clé : « Qu'est-ce qui pose question sans nécessairement poser problème ? Sur quoi se concentre l'attention dans l'expérience à l'instant ? »

Dans la mesure où la prise de conscience mène à une prise de décision et à l'engagement d'action, vous devez faire preuve de vigilance et d'honnêteté envers vous-même pour saisir ce qui s'impose à votre perception, décoder ce qui est mis en évidence par vos pensées, vos émotions et par vos actions. Vous pouvez utiliser ces informations pour vous aider à prendre conscience de ce qui fait figure dans votre expérience actuelle et vous accompagner.

La carte des aires de conscience se présente comme un système en tant que tel. Elle permet de souligner ce dont vous avez conscience ici et maintenant, ce qui se met en exergue dans votre expérience et s'impose à vous. Comme tout système, cette carte se définit comme un ensemble d'éléments organisés en interactions complexes en vue d'une finalité dans un environnement changeant. Cette définition met l'accent sur les interactions et sur la finalité.

Les éléments représentés dans cette carte sont les huit aires de conscience. L'ordre de présentation importe peu, car les interactions entre les aires sont considérées comme plus importantes que le contenu des aires en lui-même. Les différentes aires s'organisent en zones d'influence dans des configurations qui permettent à chaque aire d'avoir une influence sur tout ou partie de l'ensemble.

Sans hiérarchie interne prédéterminée, elles fournissent une représentation de l'individu, « comme-un-tout-dans-un-environnement » *qui poursuit des finalités (un projet de vie), dans un environnement constamment changeant, en agissant des comportements (des actions), en s'organisant (en interaction avec lui-même et avec son environnement), en évolution permanente, en contact avec ses capacités, ses valeurs, ses identités de rôles et qui évolue, en accord avec son identité intégrée.*

LES HUIT AIRES DE CONSCIENCE : UN SYSTÈME COHÉRENT

Les aires de conscience sont un système, une représentation de l'individu, « comme-un-tout-dans-un-environnement ».

Elles permettent de se représenter un individu (n'importe qui) *qui poursuit des finalités (un projet de vie), dans un environnement constamment changeant, en agissant des comportements (des actions), en s'organisant (en interaction avec lui-même et avec son environnement), en évolution permanente, en contact avec ses capacités, ses valeurs, ses identités de rôles et qui évolue, en accord avec son identité intégrée.*

Afin de simplifier la compréhension de ce système complexe, nous vous proposons d'en distinguer huit :

- les identités de rôles,
- l'environnement,
- les comportements,
- les attitudes,
- les capacités,
- les croyances,
- les valeurs,
- l'identité intégrée.

LES IDENTITÉS DE RÔLES

La notion d'identité de rôle renvoie à une réalité quotidienne. Chaque jour amène à endosser un certain nombre d'identités de rôles en fonction des différents domaines de vie.

Père ou mère dans le domaine familial, ingénieur dans le domaine professionnel, délégué de parents d'élèves dans le domaine social, à chacune de ces identités de rôles sont liés des modèles de conduite. On prescrit, pour chacune des identités de rôles, comment on doit se comporter, notamment envers ceux qui occupent un rôle complémentaire, par exemple : père-fils, professeur-élève, manager-subordonné, vendeur-client, etc.

Ainsi, ceux qui vous connaissent, dans un domaine de vie donné, dans telle ou telle identité de rôle, attendent

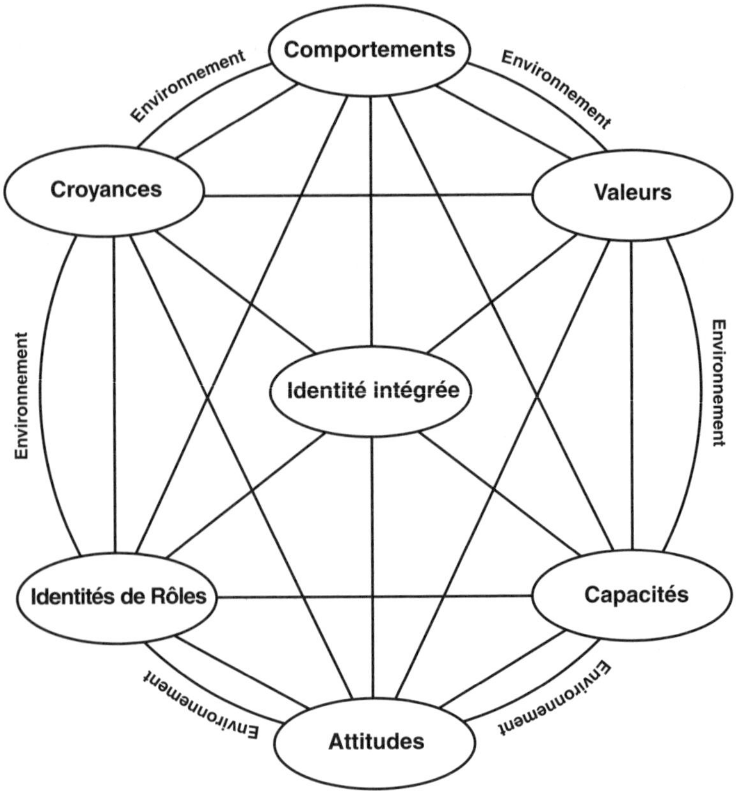

Figure 9 – Les huit aires de conscience

que vous vous conformiez à des modèles sociaux précis et que vous le démontriez au travers de vos comportements dans la mesure où chaque identité de rôle correspond autant pour vous que pour les autres à un modèle assez stéréotypé qui suppose des obligations.

Une identité de rôle constitue un compromis entre un modèle social prescrit, ou du moins attendu par autrui et la personne qui l'actualise en situation. Parfois, certaines d'entre elles peuvent apparaître comme contraignantes et artificielles, comme effectivement un « costume social » qui entrave la spontanéité. En même temps, chacun a une attente par rapport à l'identité de rôle d'autrui, car les rôles ont pour fonction de normaliser et de stabiliser les relations entre personnes, de permettre à chacun d'avoir des repères quand aux rôles attendus et tenus dans une situation. Que se passerait-il si demain, lors de la réunion de bilan de l'entreprise, le patron se mettait à faire des claquettes sur la table ?

Inversement, le relâchement de certaines normes, l'abandon ou le laxisme de certaines personnes dans leur identité de rôle crée de la confusion et de l'anxiété puisque la réponse à la question fondamentale : « Qui êtes-vous face à moi ? » ne trouve pas une réponse adéquate attendue. Par exemple une mère qui déclare être la meilleure copine de sa fille plutôt qu'être sa mère devant celle-ci, ou un manager qui ne traite son subordonné que comme son partenaire de tennis, conduit plus à une certaine indécision qu'à une libération des conduites.

Lorsqu'on est placé dans une situation nouvelle où les comportements et les attitudes qui accompagnent l'identité de rôle à endosser sont mal maîtrisés, s'établit une sensation de flottement, d'indécision quant à cette identité. Par exemple dans une église ou une synagogue, si ce type de rite religieux est suivi pour la première fois, ou face à un étranger dans le pays où l'on vit, ou lorsqu'on est étranger soi-même, ou encore quand on intègre un nouveau milieu professionnel.

Chacun possède un éventail de rôles, mais, dans un domaine de vie, à un moment précis, un rôle distinct, parmi tant d'autres possibles, est amené à se manifester, ce qui évite les collisions entre plusieurs rôles.

Dans les différentes identités de rôles, peuvent être également distinguées :

- les identités de rôles émergeantes (le rôle tenu à l'instant T) ;
- les identités de rôles latentes (par exemple un DRH qui se découvre à 40 ans, une identité de rôle de formateur ou de coach) ;

- les identités de rôles mortes, passées ou dépassées, ou en régression ;
- les identités de rôles actuelles et dans celles-ci :
  - les identités de rôles centrales : identités de rôles les plus importantes, dans les relations avec autrui,
  - les identités de rôles périphériques : identités de rôles secondaires qui, bien qu'existantes, ont peu d'influence sur l'ensemble de la vie ;
- les identités de rôles absentes ou insuffisamment développées ;
- les identités de rôles individuelles correspondant au domaine de vie personnel. Moi-même en tant que moi-même (« Moi » en tant que père, fils, lecteur de Proust ou de Spirou, etc.) ;
- les identités de rôles collectives, les différents « nous » en tant que membre d'un groupe, d'une collectivité.

Avec autant de rôles possibles à tenir, la tâche peut sembler insurmontable, mais soyez rassuré. Des spécialistes en sciences humaines ont découvert qu'un individu moyen n'exerce généralement pas plus d'une trentaine d'identités de rôles au cours de son existence. Celles-ci peuvent donc facilement être maîtrisées.

L'ENVIRONNEMENT

Les identités de rôles ne sont pas désincarnées. Elles sont conditionnées par l'environnement dans lequel on ressent, pense, agit. De même qu'un mot ne prend de sens spécifique qu'en fonction de sa situation dans une phrase, qu'une information ou un événement ne prennent sens qu'au regard de leur contexte, les identités de rôles ne prennent sens que dans le contexte d'un domaine de vie et dans un environnement.

L'environnement est le milieu dans lequel on vit. Il représente quelque chose de multiple, changeant, fluctuant, hétérogène, constitué par les lieux, l'espace de vie, l'ambiance, le climat social, l'atmosphère. L'environnement désigne autant les éléments matériels de l'individu que les influences exercées sur lui : les objets, les événements, les règles, les relations, les sentiments, le tissu relationnel, lesquels, d'un instant à l'autre, transforment la vision des choses en invitant à endosser telle ou telle identité de rôle.

L'environnement, c'est aussi la sphère d'appartenance intellectuelle, morale, sociale, affective qui agit sur l'être en même temps qu'il agit sur elle.

Pour faciliter la compréhension de ce que représente pour nous l'environnement, l'influence constante, permanente qu'il exerce sur chacun, et la manière dont il s'en fait une représentation, nous distinguons trois grands groupes : l'environnement physique et économique, l'environnement culturel et social, l'environnement psychologique et relationnel.

L'environnement physique et économique

L'environnement économique inclut le système de représentation et d'interprétation. Il est certain que le regard porté sur le monde par un smicard n'est pas le même que celui d'un millionnaire.

Il n'y a pas de représentation objective de l'environnement. La vision d'un environnement donné est toujours le fruit d'une représentation personnelle. Pour cette raison, quelle que soit la situation, en contact avec l'identité de rôle, il est intéressant de prendre du recul par rapport à la représentation de l'environnement pour se demander en quoi la façon de voir les choses n'est pas contaminée ; comment sont généralisées des attentes et des règles de conduite à partir d'un aspect partiel de la situation vécue.

L'environnement culturel et social

La culture est sans aucun doute le critère prioritaire à prendre en compte dans la manière dont sont construites les représentations de l'environnement. En effet, chaque groupe humain se construit au cours de son histoire avec un ensemble de règles de conduite formelles et informelles, de mythes, de croyances, de valeurs, d'habitudes, de manières de se comporter avec autrui et d'agir dans le monde. Cette culture collective constitue la première grille d'observation et d'interprétation de l'environnement.

Les structures sociales sont également un facteur déterminant. La place occupée, l'identité de rôle reconnue par soi-même et reconnue ou pas par les autres, la zone et le degré d'influence, la marge d'initiative dont on dispose dans le groupe, les enjeux de pouvoir, ce que l'on considère avoir à perdre ou gagner dans une situation, conditionnent la représentation et l'interprétation de l'environnement.

Plus globalement, le régime politique a également une grande influence. Vivre sous un régime démocratique, de liberté, ou sous le joug d'un régime totalitaire induit des représentations différentes de l'environnement. De même que vivre dans un pays économiquement riche ou dans un pays où manque l'essentiel modifiera fondamentalement l'appréciation de la société de consommation.

L'environnement psychologique et relationnel

Les représentations de l'environnement, la construction de la carte du monde sont aussi largement influencées par l'ensemble des connaissances, des états internes, des sentiments, des émotions, des sensations éprouvés à l'instant T que par la nature des relations entretenues avec les autres personnes présentes à ce même instant.

Le niveau et la nature des connaissances (techniques, littéraires, philosophiques, linguistiques, humaines, etc.) possédées jouent sur la manière dont sont construites les représentations de l'environnement de même que les expériences passées et les connaissances propres par rapport à une situation précise.

Dans le vécu quotidien des différents domaines de vie, la connaissance de l'identité de rôle des partenaires de communication et la capacité à se positionner dans une identité de rôle donnée contribuent largement à la construction des représentations et des interprétations sur chaque environnement. Elles permettent de prendre et de garder des positions stables et reconnues et aident à élaborer avec autrui des relations de coopération basées sur la confiance et le respect mutuel.

Il est certain que ce découpage de l'environnement n'est pas aussi net dans la réalité. Les trois environnements décrits : physique et économique, culturel et social, psychologique et relationnel, s'interpénètrent et se combinent pour former un tout qui en constitue le contexte général. Mais pour comprendre et, dans une certaine mesure prévoir, ses propres représentations et celles d'autrui dans un domaine de vie précis, pour saisir la manière dont chacun se construit sa représentation de l'environnement, on ne peut faire l'économie des valeurs, des croyances, des prémisses, des identités de rôles, etc. qui forment des filtres et des grilles à travers lesquels se construit sa propre représentation de l'environnement.

LES COMPORTEMENTS

Les comportements comprennent les gestes, les mimiques, les postures, le ton et le rythme de la voix, l'ensemble des actions et réactions qu'un observateur peut décrire comme des mouvements ou des actions relatifs à un certain environnement.

Du lever au coucher, de la prise de repas, de la rencontre d'amis, de la promenade du chien aux gestes professionnels les plus complexes, la vie quotidienne apparaît, de prime abord, comme une suite de gestes naturels, routiniers, répétitifs, sans enjeux majeurs. Les journées, la plupart du temps, sont une suite de comportements qui ne suscitent aucune interrogation.

Pourtant, rien de ce qui est fait au quotidien n'est aussi naturel et évident qu'il n'y paraît. Les comportements sont en fait une confirmation des identités de rôles et une réponse extrêmement élaborée à l'environnement. Les habitudes, les règles de conduite inculquées et celles qu'on s'est forgées rendent coutumiers et ordinaires les comportements quotidiens. Pourtant, leur observation peut renseigner soi-même et autrui sur la manière profonde dont on fonctionne. Tous les comportements sont déterminés par des expériences passées et présentes qui se sont produites dans l'environnement personnel ; chaque expérience les modifie, même si ces changements ne sont ni visibles, ni conscients.

Bien que l'éventail des comportements soit extrêmement large, dans la réalité de la vie quotidienne, il est déterminé par les domaines de vie dans lequel on agit et interagit et l'identité de rôle qu'on se reconnaît et qui est reconnue, relié à l'ensemble des compétences et capacités. *Vu sous cet angle, il ne peut y avoir ni bons ni mauvais comportements, mais simplement ceux qui sont adaptés ou non à la situation.*

Les actes et les comportements les plus ordinaires recèlent un « inconscient social ». Se tenir à table, s'habiller, dire bonjour, quoi dire après avoir dit bonjour, les gestes de politesse et d'interactions, des plus simples aux plus sophistiqués, résultent de normes sociales intériorisées tout au long de notre vie.

Chaque environnement, chaque milieu social véhicule et transmet ses codes de conduite, qui orientent, eux, les façons de s'exprimer et d'agir en conformité avec ce milieu. Mais, les gestes quotidiens ne sont pas forcément banals et dépourvus de sens. Saluer un ami, lui serrer la main ou l'embrasser, sourire, trinquer avant de boire, aller prendre un café à la pause et fumer une cigarette avec un collègue, tout cela n'a rien d'insipide pour les acteurs de ce petit scénario familier et peut procéder d'un art de vivre qui se savoure au quotidien.

Mais, pour quelles raisons la vie quotidienne semble-t-elle vouloir nous enfermer dans des habitudes et des routines de comportements ?

La première raison tient à la volonté de stabiliser les relations avec autrui. Sans régularité dans les comportements, sans codes, sans cette apparente répétition des actes et des actions, les relations et les interactions avec l'environnement deviendraient imprévisibles, chaotiques et de ce fait extrêmement perturbantes et angoissantes.

Quel que soit le domaine de vie, la vie en commun suppose également des comportements ritualisés qui répondent eux-mêmes à des règles de conduite sociales. La politesse, le savoir-vivre se traduisent au travers des comportements. Même si ces comportements semblent conventionnels et superficiels, ils participent à la stabilité des relations humaines. Rien de moins ordinaire dans le fait de tendre la main, de sourire à quelqu'un. C'est la manifestation d'un comportement social minimum qui rend la vie en société possible et agréable.

Dans le domaine de vie personnel, sans relations avec autrui, beaucoup d'actes et de comportements tels que se brosser les dents, conduire sa voiture, ranger son bureau, etc., s'effectuent au travers d'automatismes mentaux et physiques sans lesquels la charge cognitive serait trop lourde. Les habitudes et une certaine routine sont le prix à payer pour s'assurer un seuil de sécurité minimum et une tranquillité d'esprit. C'est pourquoi la plupart des comportements paraissent insignifiants et font qu'on ne s'attarde pas à réfléchir dessus.

Mais l'ordinaire n'est pas nécessairement commun dès lors qu'on sait observer et prendre du recul pour porter un regard neuf sur le quotidien et le banal en acceptant de s'interroger sur le bien-fondé de ses comportements. *Sont-ils ou non appropriés ? En accord avec mes valeurs profondes ? Avec mes identités de rôles ? Pertinents ou non dans ce domaine de vie ?*

Le développement personnel passe par la nécessité de porter un regard neuf sur ses comportements pour apprendre à les modifier, à les changer et à en générer de nouveaux. Enrichir l'éventail de ses comportements est la première des options pour réaliser son projet de vie.

LES ATTITUDES

Couramment, parler d'attitudes, c'est évoquer aussi bien des opinions que des comportements, une manière d'être ou encore une disposition à l'endroit d'une personne ou d'un événement. En tant qu'aire de conscience, l'attitude est définie comme une prédisposition à réagir d'une façon systématique à certains aspects de l'environnement.

Connaître son attitude vis-à-vis de certains individus, groupes, corporations, mouvements sociaux ou religieux, c'est se permettre de prédire quelle sera sa réaction face à des dizaines de situations impliquant divers aspects de l'environnement. Par exemple, on peut avoir une attitude favorable ou défavorable vis-à-vis de certains collègues, de sa belle-mère, de tel ou tel mouvement politique ou social comme éprouver a priori de la crainte, de la méfiance ou de la sympathie, de l'attirance, de la curiosité, pour certaines situations à venir. Une attitude est un état diffus ayant des racines lointaines dans l'histoire de l'individu.

Une attitude est composée de trois éléments – cognitif, affectif, comportemental – distincts mais reliés entre eux.

Un élément cognitif

Il s'agit d'une idée, d'une connaissance, d'un préjugé quelconque concernant la personne ou l'événement en lui-même. Par exemple, « savoir » que les fonctionnaires ne travaillent pas beaucoup, et « penser » qu'ils passent leur temps à créer des « tracasseries, rien que pour embêter », que les « jeunes » sont paresseux, que jamais on ne réagit comme « cela » face à telle situation, sans jamais avoir vécu une telle situation.

Des attitudes d'acceptation ou de rejet, de chaleur ou d'hostilité concernant tous les domaines de vie et toutes les identités de rôles tenues par soi-même ou par les autres, jouent un rôle extrêmement important dans la vision de soi-même et du monde. Une attitude qui invite à s'intéresser ou pas à la littérature moderne, au match de foot à la télévision, au développement personnel sera très difficile à changer, car elle est ancrée dans le fait qu'on « sait » ce qui est « intéressant » ou pas.

Un élément affectif

Ce sont des sentiments, des émotions lorsqu'on est face à la personne ou à l'événement ou même simplement lorsqu'on y pense. On peut, par exemple, se sentir heureux ou malheureux à la simple idée d'avoir à conduire telle action ou à rencontrer telle personne.

On peut, bien évidemment s'attendre à ce que ses attitudes soient plus difficiles à modifier lorsqu'elles s'accompagnent d'émotions vives et profondes. C'est le cas, par exemple, lorsqu'on entend le nom d'une personne qu'on a aimée ou détestée, ou quand on est face à une situation qui fait battre le « cœur de joie », ou fait avoir des « sueurs froides » d'appréhension.

Un élément comportemental

Il s'agit cette fois non pas d'une action, mais d'une tendance à l'action. Si face à une personne, à un groupe, on éprouve une tendance favorable, on sera tenté d'en vanter les mérites et de vouloir s'en approcher. Si au contraire l'attitude est défavorable, elle poussera à les dénigrer, les rejeter, les repousser et à s'en éloigner.

Il est vrai que l'action désirée n'est pas toujours actée. Les règles, les normes, les contraintes et les messages du « grand comité » feront parfois faire le contraire de ce qu'au fond de soi on désire. Cela peut aller jusqu'à reprendre d'un plat détesté, ou rester poli, souriant et courtois face à une personne qui inspire un ressenti désagréable.

En reprenant ces trois éléments, une attitude peut se définir comme : « Une pensée qui dure longtemps, reliée à une émotion invitant à une action[1] ».

LES CAPACITÉS

Les capacités représentent l'ensemble des connaissances et des savoir-faire qui peuvent se manifester ou non au travers des actes dans les cinq domaines de vie. Chacun possède des capacités dont il est plus ou moins conscient. Ces capacités se révèlent à travers des activités qui requièrent des compétences. Les compétences, à la différence des capacités, sont la mise en œuvre des connaissances et des savoir-faire pour maîtriser une situation donnée. La compétence est un savoir-faire validé, c'est la mise en œuvre concrète des capacités, validée par l'environnement et confirmée par un retour d'information.

Les capacités représentent les possibilités de réussite dans l'exécution d'une tâche donnée. Elles peuvent faire l'objet d'une évaluation directe, pour autant qu'elles soient mises en œuvre, mais on est souvent soi-même la personne la moins apte à reconnaître ses propres capacités dans un domaine de vie donné.

Voici deux exemples pour illustrer ce propos.

---

1. Turner, J. et Hévin, B., *Le Nouveau Dico-PNL : Comprendre les mots et les concepts de la PNL*, InterÉditions, 2006.

Dans un stage de réinsertion professionnelle animé par l'un des auteurs, une participante, âgée de 40 ans, épouse d'un officier de carrière, mère de cinq enfants, n'avait jamais exercé d'activité dans le domaine professionnel et déclarait ne rien savoir faire. Interrogée, elle expliqua qu'au cours des cinq dernières années, elle avait déménagé sept fois, qu'elle s'était chargée de l'organisation des déménagements, ce qui impliquait retrouver un logement, faire les cartons, trouver collèges et lycées pour les cinq enfants encore tous scolarisés et que tout s'était toujours bien passé. Ce qu'elle déclarait, « ne rien savoir faire », représentait en réalité des capacités d'organisatrice hors pair qui sont devenues une compétence mesurable dans le domaine familial, mais qu'elle n'imaginait pas transposables dans le domaine professionnel. Après que les animateurs et le groupe lui aient fait prendre conscience de ses capacités, elle accepta de les reconnaître et de chercher un emploi lui permettant de les exercer. Elle est aujourd'hui l'adjointe d'un patron de PME dans le domaine du bâtiment, chargée de l'organisation et de la planification des chantiers. Son patron n'imagine pas comment il pourrait se passer d'elle. Mais, rappelons-le, d'après elle, elle ne savait rien faire.

Le deuxième exemple est celui du bousier. Un bousier est un petit scarabée coprophage, vivant dans les excréments de mammifères, qu'il roule en boulettes.

Après avoir fabriqué sa boulette, le bousier la roule devant lui, pour l'enfouir dans un trou et y pondre ses œufs. Si vous l'enfermez en fabriquant autour de lui une petite cage faite d'allumettes, par exemple, le bousier va faire maints efforts pour faire passer sa boulette de l'autre côté de l'obstacle. Au bout d'un certain temps, il y arrive et il ne lui reste plus qu'à franchir l'obstacle lui-même. Il essaie de passer par-dessus la barrière en grimpant, sans y parvenir. Pris par le stress de la situation, il oublie tout simplement qu'il sait voler.

Combien, pris dans le stress d'une situation, oublient tout simplement « qu'ils savent voler » ou comme la participante de ce stage de réinsertion professionnelle, croient que les capacités, les savoir-faire acquis dans un domaine de vie ne sont pas transposables dans un autre domaine ? Il faut apprendre à reconnaître ses capacités, à les valoriser et à les utiliser dans ses cinq domaines de vie.

LES CROYANCES

Les croyances sont des phénomènes omniprésents dans les actes de la vie quotidienne. Tout un chacun a des idées préconçues, des préjugés touchant tous ses domaines de vie. Ils font partie de son système de croyances. Comprendre les processus mentaux qui donnent naissance aux croyances permet de comprendre comment chacun construit sa carte du monde et l'ensemble des représentations qu'il a sur lui-même, sur les autres et sur le monde.

Les convictions bizarres que l'on porte font qu'on adhère à une opinion, à une manière d'expliquer le monde qui ne relèvent pas de la raison et que toutes les évidences et preuves qui pourraient être fournies ne feront pas changer d'avis : que les femmes soient plus intuitives que les hommes, mais moins douées pour les maths ; que les blancs soient comme ceci, les noirs comme cela ; que les gens nés sous le signe du chien ne s'entendent pas avec ceux nés sous le signe du chameau, et ainsi de suite. On est plein de croyances, de préjugés auxquels on attribue une valeur constamment fluctuante. Il arrive parfois de croire fermement à certaines choses, de défendre avec conviction certaines idées et à d'autres moments de se sentir beaucoup moins convaincu. *Que se passe-t-il en moi ? Par quel mécanisme mes croyances évoluent-elles au cours de ma vie ?*

L'un des principaux mécanismes contribuant à la formation des croyances est la capacité à inférer, c'est-à-dire à attribuer des causes aux événements de la vie. Prenons par exemple l'histoire de l'homme qui veut faire plaisir à sa femme en lui offrant des fleurs. Quand celle-ci le voit arriver avec son bouquet, elle se dit : « Tiens, des fleurs, c'est qu'il doit avoir quelque chose à se faire pardonner. » C'est l'exemple même de la capacité de l'esprit humain à attribuer des causes, aussi bien à ses actes, qu'à ceux d'autrui et par là même à générer des croyances.

Bien sûr, il existe d'autres façons de se forger des croyances. Elles peuvent être apprises dès la petite enfance au sein de la famille, à l'école, grâce à la télévision ou toute autre source d'information.

Un bon nombre de croyances, surtout celles acquises très tôt dans la vie sont apprises mécaniquement. On peut ainsi débiter les croyances apprises : « Ça porte malheur de passer sous une échelle. Les Corses sont paresseux. Les Écossais sont radins. Les épinards sont riches en fer, etc. »

Confrontées à la vie, au fil des expériences et des inférences, les croyances seront renforcées ou modifiées. Ce qu'il convient de considérer, c'est l'influence qu'exerce sur soi-même l'ensemble des croyances personnelles au niveau des attitudes, des identités de rôles, ainsi que la manière dont on gère et organise ses domaines de vie et dont on entre en relation avec les autres.

LES VALEURS

La notion de « valeurs » a déjà été largement expliquée dans le chapitre précédant à propos de la carte des valeurs fondamentales. Sans entrer à nouveau dans le détail, rappelez-vous que les valeurs influencent en profondeur les conduites et les actes quotidiens. Elles agissent dans tous les contextes de la vie pour aider à évaluer l'intérêt de telle ou telle action, estimer les conséquences des actes, décider quelle voie engager, choisir une conduite ajustée à la situation en fonction des objectifs et finalités.

Vu sous cet angle, on peut dire qu'une valeur est ce qu'on recherche dans un contexte donné, dans une situation particulière. Le travail, l'amitié, le couple, les vacances, le logement, le lieu de l'habitation, le type d'école, voire de garde, à choisir pour les jeunes enfants, le niveau d'études à exiger pour les plus âgés… représentent autant de contextes où les valeurs sont à l'œuvre pour aider à prendre des décisions concernant ce qui est « mieux » ou « moins bien » pour soi à ce moment-là.

Les valeurs contextuelles, tout comme les valeurs fondamentales, participent à la spécificité. Toutefois, on n'en est pas toujours conscient, ni de l'influence qu'elles exercent sur la manière dont on gère les divers contextes au sein des cinq domaines de vie.

Nous avons tous des valeurs fondamentales propres, des convictions profondes qui nous engagent dans chacun de nos actes, et des valeurs contextuelles reliées aux préférences. Lorsque les valeurs contextuelles sont alignées avec les valeurs fondamentales, c'est sans doute l'expérimentation d'une plus grande satisfaction dans sa vie. C'est pour cette raison que nous vous avons invités à mettre au jour vos valeurs fondamentales précédemment. Pour connaître ses valeurs contextuelles, on peut tout simplement se pencher sur la question : « Qu'est-ce qui est important (pour moi) dans… (un contexte ou une situation spécifique) ? » ; « Qu'est-ce que je recherche chez l'homme/la femme de ma vie ? » ; Qu'est-ce que je veux obtenir d'un ordinateur portable ? De mon fournisseur Internet ? «

L'IDENTITÉ INTÉGRÉE

L'identité intégrée, qui peut, à première vue, sembler une notion simple et évidente, se révèle, si on prend le temps de réfléchir sur ce qu'elle représente en profondeur, un phénomène implicite et complexe.

L'identité intégrée a d'abord une signification objective : le fait que chacun est unique, différent de tous les autres de par son patrimoine génétique et de par l'éducation qu'il a reçue. Cependant, elle a surtout un sens subjectif. Elle renvoie avant tout au sentiment d'unicité : « Je suis moi », et à la conscience que chaque personne vivant en ce monde est unique, par sa manière de penser, de ressentir, d'agir, par son caractère particulier et par le fait qu'il n'y a jamais eu quelqu'un de semblable au monde, car s'il y avait eu déjà quelqu'un de réellement semblable, on n'aurait nul besoin d'exister.

L'identité intégrée est une prise de conscience profonde que chacun de nous est irremplaçable, que chaque être humain est appelé à remplir et à vivre sa vie, que notre première tâche est de construire et de suivre notre voie et non de répéter l'œuvre de quelqu'un d'autre, fut-il à nos yeux le plus grand de tous.

C'est ce message que nous transmettait le rabbin Zousya peu avant sa mort : « Dans l'autre monde, on ne me demandera pas « Pourquoi n'as-tu pas été Moïse ? ». On me demandera « Pourquoi n'as-tu pas été Zousya ?[1] ».

Être en contact avec son identité intégrée, c'est être capable de répondre à la question : *Quel est le but, la finalité de mon existence ?* C'est être libéré de toute menace et libre de choisir, être capable de regarder ses peurs en face, pour entrer en contact avec sa liberté intérieure et oser vivre sans honte et sans mensonge, ce qu'on est réellement.

La peur est l'un des plus grands obstacles internes. Être sous sa dépendance, c'est avoir l'esprit confus, déformé, c'est être en perpétuel conflit avec soi-même. C'est vivre

---

1. Cité par Marc-Alain Ouatnin dans *Les Dix Commandements*, Seuil, 1999.

en suivant les autoroutes de la pensée la plus conventionnelle. Tant qu'on n'a pas affronté ses peurs, on peut réaliser les plus grands exploits, avoir la plus belle situation sociale, prier tous les dieux qu'ont su inventer les hommes, on reste dans les ténèbres. Profondément ancrées au plus profond de soi-même, elles aliènent et empêchent d'entrer en contact avec l'identité intégrée.

Élaborer son projet de vie et le réaliser, c'est d'abord identifier et affronter ses peurs et non plus les méconnaître par mensonge ou dissimulation. Un proverbe africain dit : « Se mettre la tête dans le sable n'a jamais empêché l'autruche de recevoir des coups de pieds aux fesses. »

Savez-vous quelles sont vos peurs ? La peur a toujours une raison d'exister, aussi subjective soit-elle, elle est toujours reliée à quelque chose.

La peur de perdre son emploi, ses revenus, sa position sociale ; la peur de tomber malade, de mourir, de ne pas aller au Paradis ; la peur de ne pas connaître l'amour, de ne plus être aimé,... de toutes ces peurs et d'autres qu'il serait trop long d'énumérer, acceptez de reconnaître les vôtres.

Le plus grand obstacle, la plus grande difficulté, pour être en contact avec son identité intégrée, c'est le refus de se voir tel que l'on est. Il faut, donc, non seulement reconnaître et affronter ses peurs, mais aussi connaître le réseau d'artifices élaboré pour les méconnaître, si on veut se débarrasser d'elles et vivre pleinement sa vie. Être en contact avec et vivre depuis son identité intégrée, c'est accepter de ne plus rien se cacher à soi-même, de s'écarter de ce que les autres attendent de soi, c'est savoir faire taire les voix du « grand comité ». Une des caractéristiques de celui qui a su entrer en contact avec son identité intégrée, c'est de s'autoriser librement à être le processus changeant et fluide qu'il est.

Quand on a su s'ouvrir à tout ce qui se passe en soi, qu'on est sans « masque », ni façade, quand on a su développer et vivre une identité de rôle et qu'on a pris conscience qu'on est plus que la somme de ses rôles, alors se développe une sensibilité interne et on commence à entrer en contact avec son identité intégrée. On ressent une harmonie des sensations, des pensées et des réactions complexes.

Tout en s'acceptant tel que l'on est au plus profond de soi-même, on en vient à accepter les autres, de façon attentive et compréhensive. On accepte l'autre comme unique et inaliénable. On accepte que l'autre (comme soi-même) change constamment et que par conséquent chaque nouvelle rencontre soit la rencontre d'un « je » avec un autre « je » dans l'ici et maintenant de la relation. On ne cherche plus à enfermer l'autre dans une image figée ou dans une identité de rôle unique. On est disponible, ouvert, en contact avec ses sentiments et ses émotions, prêt à accueillir cet autre dans une relation vraie et authentique.

En étant ainsi, on porte au maximum le taux de changement et de croissance qui est en soi. On découvre qu'être entièrement soi-même n'est pas être égoïste ou individualiste ; au contraire c'est se sentir fier d'être un membre sensible, ouvert et autonome de l'espèce humaine. On retrouve le sens de l'éthique, tendu vers la réalisation d'un projet qui dépasse, on refuse que le monde soit absurde.

On est aux antipodes des autoroutes de la pensée et des chemins tout tracés, tourné en direction du futur, d'un futur dont on se sent responsable. Se sentir responsable de son futur et de celui de l'humanité, c'est avoir une préoccupation constante d'une évolution dont on ignore le détail et qu'on ne connaîtra jamais. C'est s'intéresser au plus lointain, à ce lointain dont on ne peut attendre aucune réciprocité. Il s'agit pour chacun de perpétuer cette humanité si fragile et périssable. Ce n'est pas seulement l'avenir de l'homme qui est en cause, mais celui de la planète. Il s'agit en effet pour chacun d'œuvrer pour une planète où la vie puisse continuer et où il soit agréable de vivre.

Être en contact avec son identité intégrée, cela signifie accéder petit à petit à un mode d'être qui est à la fois conscient et exprimé, c'est « être vraiment soi-même ». Il est à souligner que ce n'est pas une direction facile à prendre et que l'on n'atteint jamais le but dans ce domaine, mais, comme le disait un grand maître d'Aïkido : « La perfection n'est pas de ce monde, c'est pourquoi il faut tendre à la perfection. »

Malgré la complexité effective de cette aire de conscience, on mesure communément et de façon intuitive son degré de contact avec son identité intégrée, ainsi que celui des personnes de l'entourage. D'autant plus que la mesure est simple et peut se décliner en quatre phrases :

Un individu en contact avec son identité intégrée :

- pense ce qu'il dit,
- exprime ce qu'il ressent,
- dit ce qu'il fait,
- fait ce qu'il dit.

Exercice 14 – Promenons-nous sur les aires de conscience

Pour vous familiariser encore davantage avec les aires de conscience, nous vous invitons maintenant à les regarder de près. Choisissez un de vos rôles habituels, un rôle que vous appréciez, qu'il vous convient de jouer et que vous souhaitez continuer à jouer dans l'avenir ; même si vous désirez changer certains de ses aspects, au contraire, cet exercice vous donnera l'occasion de découvrir ou d'affiner lesquels.

Trouvez un lieu où vous n'êtes pas à l'étroit, là où vous avez assez d'espace pour vous déplacer. Inscrivez le nom de chacune des aires de conscience sur une feuille de papier en vous servant d'une feuille pour chaque aire : « Identités de Rôles », « Environnement », « Croyances », « Attitudes », « Valeurs », « Comportements », « Capacités », « Identité Intégrée ». Maintenant, placez les feuilles dans la pièce d'une manière qui vous convienne et qui vous laisse de la place pour identifier et investir chaque aire de conscience en passant de l'une à l'autre en les expérimentant tour à tour dans l'ordre de votre choix.

Lorsque vous aurez trouvé une configuration qui vous convienne, commencez par vous placer dans l'espace qui représente l'aire des identités de rôles ; c'est une identité de rôle, après tout, que vous comme point de départ de votre exploration. Commencez par nommer l'identité de rôle, si vous ne l'avez pas encore fait, car nous savons à quel point le fait de nommer une expérience, une personne ou un événement les rend plus actuels, plus réels. Alors, nommez l'identité de rôle que vous avez choisie et installez-vous dedans. Les autres aires de conscience seront traitées en rapport avec ce point de départ qui servira de contexte à votre exploration. Nous vous invitons à choisir vous-même la séquence grâce à laquelle vous visiterez les aires de conscience, néanmoins, voilà, pour chacune des aires, le type d'information auquel vous serez naturellement sensibles et le genre de question que vous pourrez vous offrir au cours de votre exploration :

- Identités de rôles : Qui êtes-vous lorsque vous jouez ce rôle ? Comment vous appelez-vous dans ce rôle ? Comment appelez-vous ce rôle ?
- Environnement : Où et quand ? Où et quand, dans quels environnements, dans quels contextes, dans quelles circonstances êtes-vous dans ce rôle ?
- Croyances : Pourquoi ? Pourquoi faites-vous ce que vous faites lorsque vous êtes dans ce rôle ? Pour quelles raisons agissez-vous, ressentez-vous, pensez-vous de la sorte ?
- Attitudes : Comment êtes-vous dans ce rôle ? Dans quelle ambiance interne évoluez-vous ? Quelle est/quelles sont les pensées durables reliées à des émotions qui vous incitent à des comportements spécifiques au travers de ce rôle ?
- Valeurs : Pour quoi ? Vous êtes dans ce rôle pour quoi faire ? Qu'est-ce qui importe pour vous dans ce rôle ? Au service de quel idéal agissez-vous ?
- Comportements : Que faites-vous dans ce rôle ? Quels sont vos comportements spécifiques ? Qu'est-ce qu'une autre personne est susceptible de vous observer faire lorsque vous êtes dans ce rôle ?
- Capacités : Comment faites-vous ? Comment faites-vous ce que vous faites lorsque vous êtes dans ce rôle ? De quelles capacités, de quels savoir-faire faites-vous la preuve ?
- Identité Intégrée : Qui suis-je lorsque je joue ce rôle ? À quoi et à qui suis-je relié ? Quelle est ma vision ? Quelle est ma métaphore ?

Vous pouvez prendre note de vos réponses au fur et à mesure que vous explorez les aires de conscience, ou vous pouvez prendre des notes sur l'ensemble de vos découvertes à la fin de votre parcours. Vous trouverez la meilleure manière pour vous familiariser davantage avec les aires de conscience, ce qui est le but de l'exercice.

Exercice 15 – Explorez vos identités de rôles : Qui suis-je face à vous ?

Une réflexion sur les rôles joués auprès des membres de l'entourage s'impose. Effectivement, les questions essentielles, sans cesse répétées sont bien : « Qui suis-je face à vous ? » et « Qui êtes-vous face à moi ? ». Ébaucher une réponse à ces questions permet d'appréhender ce que les autres attendent de vous, compte tenu du rôle qu'ils vous attribuent, et, vice versa, ce que vous êtes en mesure d'espérer d'eux.

Heureusement, l'identité de rôle adoptée n'est pas figée une fois pour toutes ; elle évolue. Dans cet exercice, nous vous proposons de remarquer comment le rôle que vous estimez jouer et celui que l'autre vous attribue influent sur la qualité de votre relation et le résultat de votre rencontre. Pour cela et dans un premier temps, il s'agit d'identifier un rôle que vous vous attribuez fréquemment. Par la suite, si vous le souhaitez, vous pourrez reprendre l'exercice pour découvrir comment, en activant et en investissant une identité de rôle différente, ou en variant le contenu d'une ou plusieurs aires de conscience, vous pouvez enrichir ou transformer le rôle et le regard que vous portez sur la personne avec qui vous êtes en interaction. De cette façon, et par la même occasion, vous l'inviterez à vous considérer sous un autre jour et à agir différemment avec vous.

Maintenant que vous avez identifié le rôle que vous souhaitez explorer, choisissez un lieu où vous avez assez d'espace pour vous déplacer. Reprenez les feuilles de papier sur lesquelles vous avez inscrit les noms des aires de conscience. Placez-les par terre dans la pièce en vous laissant assez de place pour circuler librement entre elles. Sur une feuille vierge, créez aussi un espace « neutre ». Ensuite, choisissez la personne et le contexte dans lequel vous souhaitez examiner votre relation.

Remarquez la situation actuelle de votre point de vue, à partir du rôle que vous estimez jouer, ensuite, vous adopterez la perspective de votre interlocuteur pour mettre au jour le rôle qu'il vous attribue. Pour cela, partez de l'espace « identité du rôle » en vous mettant dans celui que vous jouez dans ce contexte face à elle. Explorez toutes les aires de conscience de la même manière que vous l'avez fait dans l'exercice 13 afin d'obtenir des informations

sur ce rôle-là. Prenez des notes sur votre vécu pendant votre exploration ; vous allez vous en servir par la suite. Notez l'expérience de votre rôle ainsi que le rôle que vous accordez à votre interlocuteur. Avant d'explorer le vécu de l'autre personne et les identités de rôles qu'elle adopte et vous attribue, retirez-vous dans l'espace « neutre » pour faire une pause et créer un sas.
Maintenant, investissez l'identité du rôle de l'autre personne dans le même contexte, en explorant le contenu de toutes les aires de conscience chez elle comme vous venez de le faire pour vous. Prenez également des notes sur « son » expérience pendant cette exploration et, lorsque vous aurez terminé, retirez-vous dans l'espace « neutre » à nouveau pour considérer ce que vous avez appris en réfléchissant aux questions qui suivent.
Quelle est la nature du rôle de chacun de vous ? Quelle est la relation entre ces rôles ? Qu'est-ce que ces rôles vous permettent à tous les deux ? Qu'est-ce qu'ils vous empêchent ? Comment souhaitez-vous que cette personne vous identifie dans ce contexte ? Dans quel rôle ? Quel est le rôle que vous voudriez qu'elle adopte à votre égard ? Que devez-vous changer dans vos comportements, attitudes, croyances... pour l'aider à vous percevoir ainsi ?
Prenez le temps de répondre à ces questions ; vous renforcerez votre proactivité et augmenterez votre flexibilité en considérant les possibilités qu'elles vous offrent.

En explorant les aires de conscience, vous gagnez en aisance dans la relation que vous entretenez avec vous-même, les autres et le monde environnant, et enrichissez la conscience de votre participation aux événements que vous vivez au quotidien.

Comme nous l'avons déjà fait remarquer au départ, la prise de conscience mène à une prise de décision et à l'engagement d'action. En élargissant votre conscience, vous devenez un décideur, un décisionnaire libre de penser ce que vous dites, d'exprimer ce que vous ressentez, de dire ce que vous faites, et faire ce que vous dites, ce qui est bien la preuve que vous avez conscience de vous et de votre environnement à tout instant.

6

ÉQUILIBREZ VOS DOMAINES DE VIE

Bonne façon n° 6 : harmonisez vos investissements énergétiques et émotionnels

OÙ PASSEZ-VOUS VOTRE TEMPS ? À quoi l'accordez-vous ? Combien de temps par semaine, par mois, par an… passez-vous à votre propre service, à celui de votre couple, de votre profession, de votre famille, de votre place de citoyen dans la cité ?

Pour vivre une vie équilibrée, vous devez prêter attention à la façon dont vous organisez vos cinq domaines de vie, regarder de près vos « lieux de vie », c'est-à-dire, là où vous passez votre temps et la satisfaction que vous en retirez, ce à quoi vous êtes invités maintenant.

Il existe cinq domaines de vie : le domaine personnel, le domaine du couple, le domaine de la famille, le domaine professionnel et le domaine social. L'idée tant répandue de partager son temps entre vie « professionnelle » et vie « privée » est périmée. Réduire l'existence à ces deux facettes est une limite qui prive justement de toute la richesse que recèle la diversité des activités et des engagements, car il est question, ici, des engagements et du temps passé dans les activités permettant de les réaliser.

Tous les domaines de vie s'imbriquent pour former un tout cohérent, un système constitué de sous-systèmes à l'intérieur desquels sont endossées différentes identités de rôles. Il s'agit des rôles (père, mère, époux, épouse, manager, vendeur, trésorier d'une association, etc.) joués auprès des personnes de l'entourage, des fonctions prises et acceptées.

Comme un organisme vivant, le système complexe que représentent les domaines de vie doit lui-même transiger avec un environnement changeant, afin d'assurer sa survie et sa croissance.

C'est pourquoi la carte des domaines de vie offre l'opportunité de distinguer les domaines qu'on veut réduire, minimiser ou au contraire, développer. Elle permet aussi de mettre en relief les identités de rôles essentielles, satisfaisantes ou non, qui sont appréciées ou qu'il serait préférable d'abandonner, ainsi que, au sein de chaque domaine, les valeurs qui motivent.

La carte des domaines de vie encourage à parvenir à un équilibre, à une vie harmonieuse, plus efficace et plus heureuse. Car il est possible de gérer ses domaines de vie et de lever les obstacles, internes et externes, qui empêchent de vivre pleinement.

La figure 10 indique à quel point l'équilibre entre les domaines de vie peut s'avérer une acrobatie. Pour cette raison, il nous semble important de rappeler que l'estimation de l'équilibre et l'organisation de vos domaines de vie vous appartient entièrement. Votre évaluation est entièrement subjective ; votre « découpage », votre organisation ne saurait peut-être convenir à personne d'autre. Soit. Néanmoins, vous ne disposez pas d'un temps infini, vous devez l'aménager de façon à réaliser ce qui vous est essentiel et harmoniser vos investissements énergétiques et émotionnels.

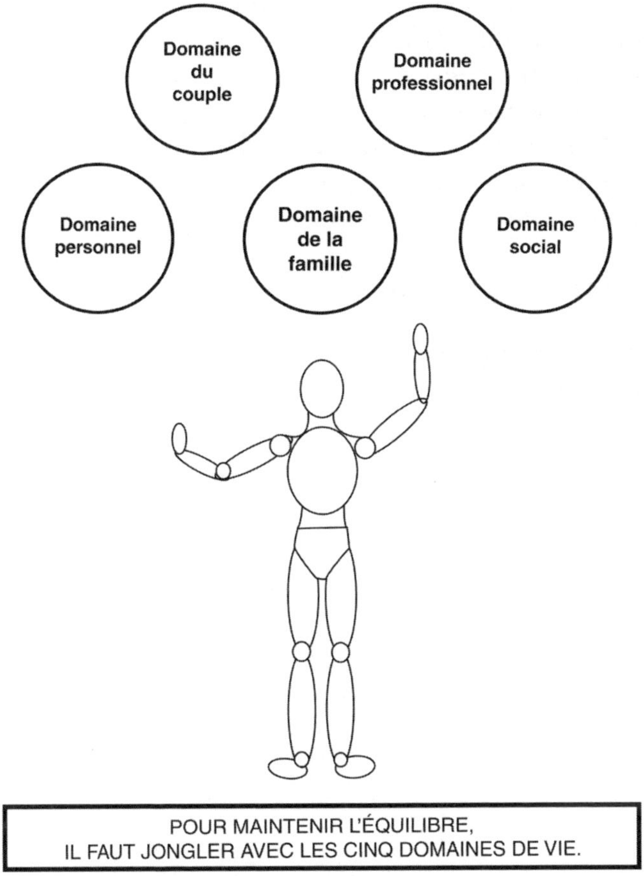

Figure 10 – Les domaines de vie

LES CINQ DOMAINES DE VIE

Vous avez une influence sur les cinq domaines de vie comme ils ont une influence sur vous. Tout changement dans un de ces domaines aura un impact sur l'ensemble de votre vécu. Toutefois, dans la mesure où vous vivez comme un poisson dans l'eau à l'intérieur d'eux, vous ne reconnaissez pas toujours leur existence ni leur importance.

Il est essentiel d'avoir une conscience claire de leur organisation pour être en mesure de connaître celui ou ceux qui vous apporteront le plus d'efficacité, de bien-être et de bonheur. Il est important de savoir lesquels de ces domaines vous aident, soutiennent vos valeurs, vous motivent, vous maintiennent en bonne santé et vous permettent de vous développer.

Le domaine personnel

Ce domaine concerne l'espace de temps personnel quantitatif et qualitatif.

Pour mener une réflexion sur ce domaine, vous pouvez vous poser des questions telles que : « Suis-je un bon parent nourricier pour moi-même ? » ou « Comment est-ce que je prends soin de moi ? »

Le domaine personnel est le système de base de votre vie. Beaucoup ont besoin d'apprendre comment devenir leur meilleur ami et supporteur, leur source personnelle d'affirmation et d'estime de soi, et leur propre « directeur de conscience ». Beaucoup ont besoin d'apprendre à s'auto-évaluer à partir de leurs propres critères et non pas ceux du « petit flic » ou du « grand comité » qu'ils ont dans la tête.

Il est essentiel d'apprendre à développer et à protéger son domaine personnel, à prendre du temps pour soi. Souvent trop absorbé par certains des autres domaines de vie, on en oublie de prendre soin de soi à tous les niveaux, de se cultiver, de faire attention à sa santé, à son alimentation, de prendre du temps pour faire du sport, à moins de tomber malade ou d'être confronté à de fichus désagréments.

Vous devez apprendre à investir et à maintenir votre espace personnel, en mettant en place des options telles que :

- prendre du temps pour soi seul ;

- développer son indépendance géographique, avoir un lieu à soi, où l'on peut s'isoler pour réfléchir, lire, écouter ou faire de la musique, méditer, voire ne rien faire du tout en toute tranquillité ;
- mettre en place une indépendance financière, avoir son propre budget pour acheter ses vêtements, payer ses loisirs, ses formations pour son développement personnel et faire des voyages ;
- avoir des amis personnels et les rencontrer régulièrement pour bavarder, échanger des confidences, aller voir des spectacles, partager des activités, avoir de l'intimité ;
- avoir un « violon d'Ingres » et un lieu à soi pour le pratiquer ;
- avoir des contacts sociaux, soutenir des causes auxquelles on est attaché ;
- prendre soin de sa santé.

Le domaine du couple

Rares sont ceux qui ont reçu une formation appropriée pour apprendre à vivre en couple, et pourtant, il s'agit là d'un domaine de vie qui a un impact considérable sur tous les autres domaines.

Vivre en couple, c'est savoir faire des choses à deux et y trouver du plaisir. C'est se donner des laps de temps pour vivre l'intimité, engager le dialogue, vivre le partage, s'occuper de la gestion financière et des tâches quotidiennes du ménage, mais c'est aussi s'amuser ensemble.

Tout le monde veut avoir une bonne relation de couple, mais rares sont ceux qui savent comment la construire.

Une relation entre personnes saines doit être source de plaisir. Sans la joie éprouvée à être ensemble, à faire des choses, à s'amuser, à recevoir et à être reçu par des amis, à partager les tâches quotidiennes du foyer, il faut se demander pourquoi cette relation existe.

Vivre en couple est le domaine de vie dans lequel peuvent se partager les considérations les plus intimes, en tant qu'amant, ami, avocat, défenseur de soi-même et de l'autre.

Voici quelques options qui aident à vivre une vie de couple heureuse et harmonieuse :

- se parler, gérer les conflits, avoir des conversations de passe-temps, se raconter les petits riens de la vie quotidienne et y prendre plaisir, s'écouter, s'intéresser, être curieux, attentif, se raconter de petites histoires, des blagues… ;
- avoir de l'intimité, des relations sexuelles qui ne s'enlisent pas dans un hebdomadaire banalisant. Faire des séminaires de développement personnel ensemble, du tantra, s'enlacer, se caresser, s'embrasser au moins 10 à 20 fois par jour, se dire des « mots doux », s'écrire des lettres… ;
- partager des activités ensemble, faire les courses, le marché, préparer des repas, gérer l'argent, respecter les engagements professionnels de chacun… ;
- partager des loisirs, cultiver des amitiés de couple, faire des voyages, vivre l'aventure, voir des spectacles, aller au cinéma, au concert, au théâtre, partager des lectures, choisir ensemble le programme de télévision et s'y tenir… ;
- partager des activités sociales, s'engager dans les mêmes associations, participer à la vie de la commune, organiser des rencontres de couples avec ses voisins, ses collègues… ;
- partager des projets, rêver ensemble de l'avenir, accepter et gérer le changement, s'accompagner dans les transitions.

Le domaine de la famille

Le domaine de la famille englobe l'ensemble des relations entretenues avec la famille d'origine, la famille actuelle et la famille élargie. Ce sont autant des relations intimes que des responsabilités assumées comme de prendre soin de ses parents proches et éloignés, de ses enfants, de nos amis.

Parler de familles peut laisser entendre que chacun en a la même représentation. En fait, pour nous les auteurs, la famille est un espace où circulent l'affection et l'amour. Nous pouvons mesurer l'importance qu'elle représente pour nous par le temps aussi bien quantitatif que qualitatif que nous accordons à la vie en commun : les repas, les heures passées ensemble dans la même activité, les fêtes… à l'importance que nous accordons à la proximité affective avec nos proches.

Exercer des responsabilités parentales est un rôle très exigeant, qui demande du dévouement, de l'attention, de la patience, et des qualités de coach, de leader, de pédagogue qui doivent contribuer à aider à construire les identités personnelles de chacun des membres de la famille. Dans notre culture, la famille assure la fonction centrale de consolider en permanence l'identité de ses membres. Chacun, pour devenir lui-même, a besoin du regard et de l'estime des personnes à qui il accorde lui-même de l'importance. Chacun a besoin, pour s'accorder de l'estime, de recevoir de l'estime de la part de ses proches, le conjoint par son partenaire, les enfants par leurs parents, et réciproquement, même si d'autres proches peuvent remplir ce rôle.

L'environnement familial poursuit la double mission de socialiser les enfants et de renforcer l'identité des adultes. Aujourd'hui, la fonction la plus spécifique de la famille est la reconnaissance personnelle de l'enfant et de l'adulte.

Bien que les rôles de parents changent relativement rapidement d'un point de vue global, l'un reste essentiel et constant, celui de produire les meilleures conditions pour que la nature des enfants puisse s'épanouir et se développer. Ce rôle n'est pas d'imposer, mais de révéler. Comme le disait Bruno Bettelheim : « Les parents ne doivent pas s'acharner à créer l'enfant qu'ils voudraient avoir, mais au contraire à l'aider à devenir ce qu'il est en puissance, à épanouir ses potentialités. » Hélas, il faut malheureusement reconnaître que certains passent plus de temps à s'occuper de leurs parents vieillissants ou à bricoler au jardin que de leurs propres enfants.

Mais la famille, en outre, sert aussi aux adultes, car la construction de l'identité intégrée réclame le soutien venant d'autres adultes disponibles. Bien que rien n'oblige que cette fonction de reconnaissance soit exclusivement remplie dans un cadre familial, il est difficilement supportable que la famille ne l'offre pas en priorité.

Les options suivantes vous aideront à développer, pour vous-même et pour vos proches, des rôles pleins de satisfaction dans le domaine familial :

- organiser en commun les tâches ménagères et l'entretien de la maison, faire les courses, gérer les finances… ;
- partager les activités des parents, veiller à l'éducation des enfants, surveiller les devoirs, choisir avec les enfants des films à regarder à la télévision, les accompagner dans leurs activités sportives et leurs hobbies… ;
- préparer ensemble les loisirs, les vacances, les activités de week-end, les fêtes, aller en famille au cinéma, au théâtre, aux expositions, rendre visite aux grands-parents, aux oncles et tantes, aux cousins, aux amis de la famille… ;
- rechercher des activités nourricières, participer à des actions communautaires, à des activités visant un développement spirituel, développer des formes d'apprentissage à la maison… ;
- prendre soin de sa santé, de celle de ses proches et de ses parents vieillissants…

Le domaine professionnel

Ce domaine concerne le travail, le métier, la carrière, tout ce qui est fait pour gagner sa vie et pour trouver un sens aux activités rémunérées. La plupart d'entre nous passe la majorité de son temps dans son activité professionnelle et en attends un juste « retour sur investissement ». Nous avons des besoins, des désirs, des valeurs que nous cherchons à satisfaire.

Or, les entreprises sont mal équipées pour répondre à des besoins non rationnels. Elles cherchent moins à satisfaire les besoins d'appartenance, d'estime et réalisation de soi, que la prestation d'une compétence. Une compétence qui s'achète et se vend à tout moment sur le marché. Il faut donc devenir son propre manager, oublier ces discours trop protecteurs qui mènent à de fausses espérances.

L'entreprise, à quelques rares exceptions près, ne procure plus un emploi à vie, qui permet de gagner sa vie et de satisfaire les besoins psychologiques, mais assure « l'employabilité », c'est-à-dire la capacité pour un individu de se maintenir en permanence sur le marché du travail, toujours en alerte pour maintenir sa connaissance à niveau. Une entreprise est un ensemble dans lequel, si les hommes sont nécessaires, et ils le sont de moins en moins, compte tenu de la mécanisation et de l'informatisation des services, ils ne le sont qu'en tant qu'êtres qui possèdent des compétences dûment vérifiées. Investir plus qu'il n'est nécessaire dans le domaine professionnel est loin d'être une obligation.

L'individu qui fonctionne le mieux et se développe le plus harmonieusement est celui qui réussit à satisfaire ses besoins. Comme cette satisfaction dépend de son degré d'investissement dans ses différents domaines de vie, il importe qu'il pose des conditions de base. D'une part, il faut qu'il puisse compter sur lui-même, s'assumer pleinement, d'autre part, il lui faut aller chercher dans l'ensemble de ses domaines de vie les ressources nécessaires à sa survie et à sa croissance. Il lui appartient de se créer un réseau de soutien interpersonnel.

S'entourer de personnes qui appuieront et enrichiront tout le déroulement de la vie adulte est un besoin. Plus un réseau de soutien interpersonnel est diversifié, plus il est solide et enrichissant. Ceux qui dépendent de leur domaine professionnel pour satisfaire leurs besoins affectifs, intellectuels, physiques et sociaux deviennent dangereusement dépendants de ce domaine et, de ce fait, de leur entreprise. Ils courent le risque d'être exploités honteusement sans même s'en rendre compte. Ceux qui disposent de nombreuses ressources pour satisfaire leurs besoins psychoaffectifs sont moins dépendants du domaine professionnel et ont plus de chance d'obtenir ce qu'ils veulent.

Diverses raisons poussent à travailler et elles changent au fil des années. Ces raisons sont aussi variées que gagner sa vie, achever une phase de sa carrière, s'élever dans l'échelle hiérarchique, avoir des contrats sociaux, relever des défis, recevoir des récompenses, diriger, apporter une contribution importante, acquérir les avantages de la sécurité sociale, ou de la retraite, s'engager par adhésion aux valeurs de l'entreprise.

Posez-vous la question : *Quelles sont les satisfactions que je retire de mes rôles professionnels ? Quelles sont les raisons fondamentales pour lesquelles j'investis mon énergie et mon temps dans le travail que je fais actuellement ?* Aucune politique d'entreprise aussi « harmonieuse » soit-elle ne peut remplacer la décision et l'action individuelle.

Les options suivantes vous aideront à équilibrer et à enrichir votre domaine professionnel.

- soyez toujours à la recherche d'un emploi meilleur dans lequel la rémunération est supérieure et vos valeurs fondamentales satisfaites ;
- tenez votre CV à jour ;

- soyez sans cesse sur le départ, si vous l'êtes vous n'aurez plus peur d'être licenciés ;
- répondez aux annonces et faites des candidatures directes auprès des chasseurs de tête et des entreprises ;
- visez toujours un emploi mieux payé et qui vous offrira plus de temps libre. Votre domaine professionnel n'est pas une fin en soi, il doit simplement vous aider à réaliser votre projet de vie ;
- Vivez votre emploi comme un moyen de vous donner plus de temps libre et de bonheur ;
- profitez du temps passé dans les transports, lisez, écoutez de la musique, apprenez des langues étrangères, tenez-vous au courant de l'actualité, pratiquez le covoiturage ;
- suivez des séminaires de développement personnel, des cours de formation avancée pour adultes, des études pour obtenir un diplôme, pour faire avancer votre carrière, pratiquez la planification stratégique ;
- encouragez les amitiés dans la sphère professionnelle, travaillez en réseau ;
- investissez votre rôle de leader ;
- restez en contact ou militez au sein du comité d'entreprise et des instances syndicales ;
- parrainez les jeunes recrues ;
- ne travaillez jamais pendant le week-end et planifiez votre retraite.

Le domaine social

Notre modèle de société valorise l'individualisme et a tendance à négliger l'engagement social. Remédiez à cet état de fait en rendant vie et pouvoir à l'échange et à l'engagement citoyen. Être citoyen dans sa cité, ce n'est pas seulement mettre périodiquement un bulletin dans une urne.

Rappelez-vous que le quartier, la commune, est la cellule mère de toute société. C'est en son sein que se fondent toutes les relations sociales, toutes les relations intellectuelles, toutes les servitudes contractuelles, tous les accords moraux, directs et envisagés à l'échelle humaine. Une communauté ne peut se créer que par le rassemblement au plus petit niveau de personnes unies par des liens spontanés ou naturels, par des relations marquées par l'affectivité et la proximité, et des objectifs communs.

Vous devez vous faire une obligation de participer à la vie de votre quartier, de votre commune. Soyez conscients que pour bien des problèmes, le regroupement d'individus et la participation active de chacun est le seul moyen qui permette de les résoudre, que la coopération facilite grandement les choses.

Devant le nombre et la complexité des problèmes auxquels vous devez faire face quotidiennement, une identité citoyenne, la mise en commun d'informations, de connaissances, d'expériences et d'équipements s'avèrent nécessaires. Prenons un exemple simple : vous, parents, dont les enfants s'adonnent à la même activité, vous pouvez facilement vous charger à tour de rôle de les transporter sur le lieu de cette activité. Vous gagnerez ainsi du temps et de l'argent et vous aurez des échanges sociaux avec d'autres parents. Pensez à vous regrouper quand vous êtes en quête d'un service, car il est rare que vous soyez seuls à rechercher cette prestation.

Votre participation à la vie locale, aux organisations et aux activités de votre quartier est nécessaire. Personne, parmi nous, ne pourrait mener une vie fonctionnelle s'il n'existait pas une vie communautaire présente pour maintenir un ordre suffisant pour le bon déroulement de votre vie personnelle, familiale et professionnelle.

Votre engagement dans le domaine social contribue à une organisation plus étendue et plus large.

En devenant membre actif d'associations, en contribuant financièrement à diverses causes, vous militez pour elles. En jouant un rôle actif en politique, vous contribuez à la vie de la nation.

Participer à la vie sociale, c'est se fixer comme objectif, entre autres aspects, de restaurer des familles stables, des liens de voisinage forts, de faire échec à la délinquance et à la misère.

Ces différentes options vous aideront à développer votre domaine social :

- engagez-vous dans les activités et les organisations de votre communauté, de votre quartier, participez à des causes sociales et à des groupes politiques, à des activités bénévoles… ;
- participez à des groupes en réseaux, surfez sur Internet, aidez les chômeurs à retrouver un emploi, donnez des cours d'alphabétisation… ;
- participez à des groupes liés à vos hobbies, à des activités de théâtre amateur, de musique, de peinture, de sculpture, d'atelier d'écriture, de sport…
- adhérez au comité des fêtes de votre commune, participez aux pique-niques, aux voyages organisés par ce comité, adhérez à des associations de défense et de sauvegarde, d'un cinéma de quartier, de la qualité de vie de votre région, par exemple… ;
- participez à des groupes religieux, à des organisations religieuses, à des groupes de prières… ;
- soyez présent(e) aux diverses élections, votez, soyez membre actif du bureau de vote, participez au dépouillement… ;
- adhérez à des organisations professionnelles… ;
- soutenez une cause qui se préoccupe de l'environnement, de considérations écologiques ou d'un autre objectif mobilisateur… ;
- participez à un SEL (service d'échanges local).

Exercice 16 – À la recherche du temps présent

Combien d'heures par semaine passez-vous dans chaque domaine de vie ?

Si l'on considère que vous disposez d'une centaine d'heures par semaine pendant lesquelles vous êtes éveillés et potentiellement actifs, il est utile d'examiner comment vous passez votre temps, c'est-à-dire, de quelle manière vous allouez le temps à vos différents domaines de vie.

Où passez-vous les 100 heures par semaine pendant lesquelles vous êtes éveillés ? Notez sur la figure 11 le nombre d'heures que vous affectez à chacun de vos domaines de vie. Prenez soin de bien marquer la date d'aujourd'hui car il se peut que vous désiriez que cette configuration ne soit plus la même lors de votre prochain chapitre de vie.

Chaque « morceau » du camembert représente 5 heures donc 5 % de votre temps par semaine. En y inscrivant le nombre d'heures que vous passez, vous obtiendrez, également, le pourcentage de temps que vous attribuez relativement à chacun de vos domaines de vie.

Chaque « morceau » du camembert représente 5 heures, donc, 5 % de votre temps.

Date : ______________________

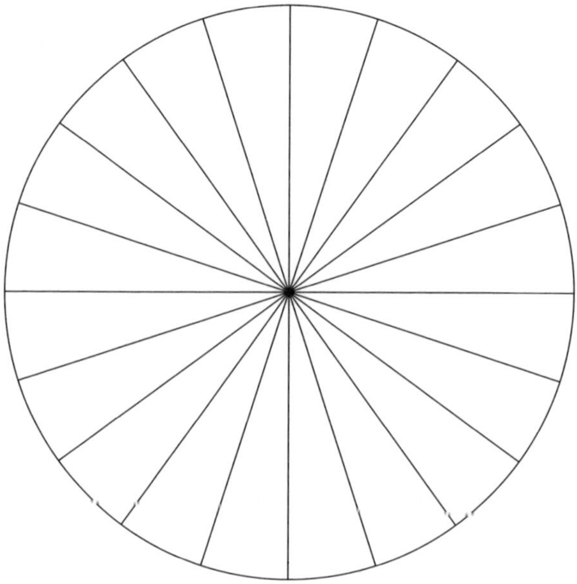

Figure 11 – Répartition actuelle de mes domaines de vie

QUANTITÉ OU QUALITÉ, FAUT-IL CHOISIR ?

Nous espérons que votre réponse à cette question quelque peu provocante est : « NON ». Il n'est pas nécessaire de privilégier la quantité par rapport à la qualité ou vice versa, et cela, d'autant plus que vous n'êtes pas tributaires d'une logique d'exclusion. La quantité et la qualité ont toutes les deux une place dans la réflexion sur les domaines de vie ; c'est pour cette raison que nous vous proposons de prendre note de la nature des rôles que vous exercez dans vos divers domaines de vie et du degré des satisfactions que vous en retirez.

Vivre en tant qu'adulte signifie que vous êtes gestionnaires de vos domaines de vie, pour le meilleur et pour le pire. Il est important d'être en mesure de reconnaître le ou les domaines auxquels vous voulez vous consacrer, de remarquer ceux qui vous apporteront le plus d'efficacité, de bien-être et de bonheur, de savoir lesquels vous aident, soutiennent vos valeurs, vous motivent, vous maintiennent en bonne santé, et encouragent votre développement. Il est essentiel également de distinguer les rôles qui ne vous permettent pas ou plus de vous épanouir afin de limiter vos engagements.

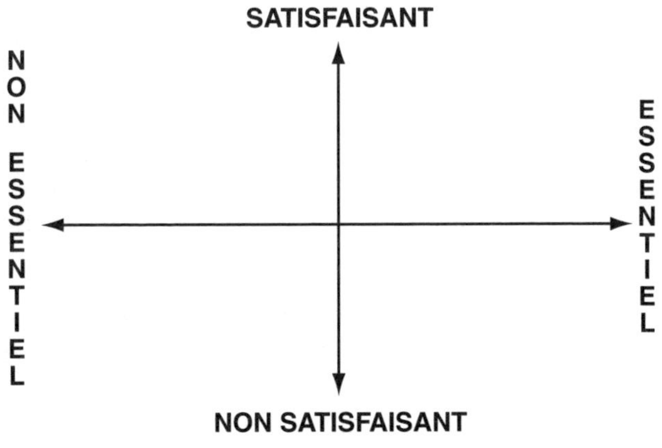

Figure 12 – Mes rôles dans la vie

Une première étape consiste à classer les rôles que vous jouez selon un continuum comportant deux axes illustré par la figure 12.

Exercice 17 – Reconsidérez vos rôles

Faites une liste de vos rôles selon vos domaines de vie puis, classez-les sur le continuum « essentiel – non-essentiel » et « satisfaisant – insatisfaisant ».

L'axe essentiel – non-essentiel vous invite à réfléchir sur la nature de votre engagement dans le rôle en question. Vous êtes amenés à remarquer les identités de rôles qui sont essentielles, incontournables à ce moment de votre vie et celles qui ne le sont pas. Qu'ils vous plaisent ou non, vous devez endosser ces rôles ; personne ne peut le faire à votre place. D'autres rôles ne sont pas, ou ne sont plus, essentiels pour vous.

L'axe satisfaisant – insatisfaisant vous propose d'explorer justement à quel point vous êtes satisfaits des rôles que vous jouez dans vos divers domaines de vie.

Continuez votre réflexion en vous offrant quelques questions :

Quelles sont, pour chaque domaine de vie, les identités de rôles qui vous apportent le plus de satisfaction et de bonheur ? Parmi ces rôles, lesquels préférez-vous ? Lesquels aimez-vous le plus jouer ? Comment pouvez-vous développer encore davantage ces rôles, pour obtenir encore plus de satisfaction dans votre vie ?

Quels sont les rôles qui vous apportent plus de problèmes ou de soucis que de satisfaction ? Comment pouvez-vous leur consacrer moins de temps et d'énergie, voire cesser de les jouer ? Quels sont les rôles que vous jouez par habitude ou parce que le « petit flic » ou le « grand comité » que vous avez dans la tête vous dit qu'il faut les tenir malgré tout, même si vous savez au fond que vous vous sentiriez mieux si vous les abandonniez ?

Certains continuent à endosser des rôles qui ne sont plus d'actualité pour eux. Pourquoi ? Quel est le degré de satisfaction qu'ils en retirent ? C'est peut-être là, la réponse à cette question. Si tel est votre cas, est-ce que vous avez réellement encore besoin de garder des rôles qui n'ont plus besoin de vous ?

Comment faire que chaque rôle retenu soit efficace, c'est-à-dire qu'il ait le maximum d'impact pour le minimum d'effort ? Comment faire pour qu'il vous apporte une grande satisfaction ?

Trouver l'équilibre dans vos domaines de vie est ce qui vous aidera le mieux à avoir une vie saine, harmonieuse, à être efficace et à réaliser pleinement votre développement adulte.

Comment équilibrer identités de rôle et domaines de vie ?

La plupart du temps, quand vous rencontrez des difficultés dans votre vie, ce n'est pas parce que vous avez choisi de mauvais rôles, mais parce que vous ne savez pas équilibrer vos domaines de vie. Vous vous retrouvez submergés par un rôle alors que vous en attendez de la joie et du plaisir. Pour obtenir de la satisfaction et du plaisir à équilibrer vos domaines de vie, devenez un bon gestionnaire de votre temps, accordez le temps nécessaire aux rôles qui vous comblent, tout en limitant ceux qui ne vous apportent pas de satisfaction.

Vos identités de rôles sont façonnées par vos domaines de vie et l'organisation de vos domaines de vie influence l'importance que vous donnez à chacun de vos rôles.

Exercice 18 – Planifiez, organisez vos domaines de vie

Dans l'exercice 16, vous avez pris note du temps que vous passez actuellement dans chacun de vos domaines de vie et l'avez reportée dans votre cahier.

Êtes-vous satisfaits de cette répartition de votre temps ? Si vous répondez « oui », tant mieux. Si votre réponse est « non », tant mieux, aussi. Dans les deux cas, vous aurez de quoi vous occuper dans le prochain chapitre de votre vie. Que vous vouliez continuer à partager votre temps de la même manière qu'aujourd'hui, ou que vous souhaitiez y apporter un changement, vous aurez à vous organiser en conséquence.

Si l'actuelle répartition de votre temps vous convient, dessinez la même configuration sur la figure 13, tracez la nouvelle distribution du temps que vous adopterez pour le prochain chapitre de votre vie en marquant bien la date de sa mise en place.

Choisissez la date qui vous conviendra pour l'aboutissement de sa mise en place. En réfléchissant à la faisabilité de votre objectif, accordez-vous bien le temps nécessaire pour mener à bien cette réorganisation.

Sur le premier camembert ci-dessus, notez la répartition actuelle de vos domaines de vie. Sur le second, faites figurer le temps que vous voulez consacrer à chacun de vos domaines de vie dans le prochain chapitre de votre vie.

Date : ____________________

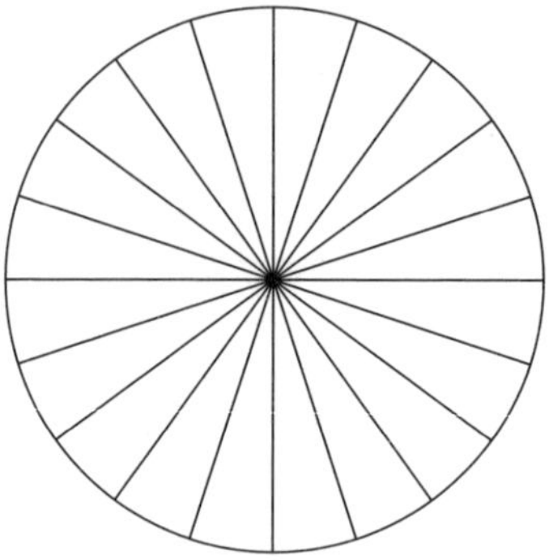

Répartition actuelle de mes domaines de vie aujourd'hui : 5h = 5 %

Date : ____________________

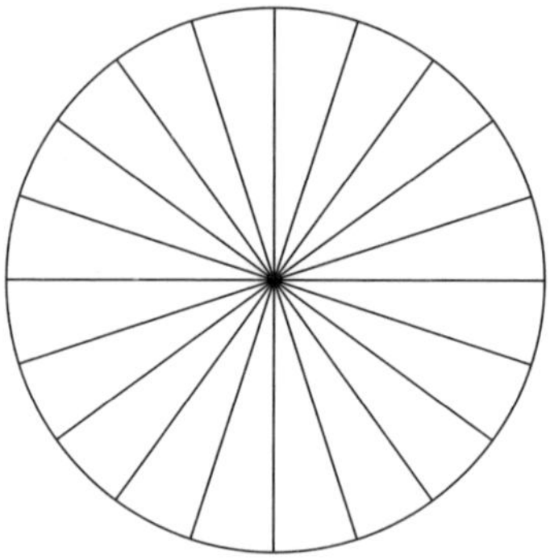

Prochaine répartition de mes domaines de vie : 5h = 5 %

Figure 13 – La prochaine répartition de mes domaines de vie

LES DOMAINES DE VIE : UNE UNITÉ INDIVISIBLE

Vous devez avoir conscience que changer votre vie implique un changement, une nouvelle organisation des cinq domaines de vie. On a souvent tendance à croire qu'on peut changer seul sa vie, sans prendre en compte les rôles assumés actuellement. En fait, le changement est beaucoup plus une négociation qu'une décision univoque ; c'est un dialogue que vous devez mener entre vos différents rôles, plus que quoi que ce soit d'autre. Vous avez la responsabilité d'organiser et de planifier votre vie. Vous pouvez accroître ou diminuer votre engagement dans chacun de vos rôles et domaines de vie, en sachant que tout changement dans un domaine aura forcément un impact sur les quatre autres.

Il est intéressant de regarder comment ces systèmes s'organisent différemment lors d'un changement. Lorsque vous réfléchissez aux changements que vous désirez effectuer dans le prochain chapitre de votre vie, vous devez avoir une pensée systémique, et garder à l'esprit que changer une partie d'un ensemble va forcément modifier l'ensemble du système. Réfléchissez avant de changer. Vous pouvez garder ou renforcer certains domaines et construire sur eux, ce faisant, ils vont devenir plus solides et ils vous aideront à changer. Dans d'autres cas, vous pouvez envisager de légers changements à l'intérieur d'un domaine pour le rendre plus souple et plus confortable.

D'autres domaines, au contraire, requièrent de profondes modifications. Vous devez apprendre à vous désengager de certains d'entre eux parce qu'ils ne correspondent plus à votre nouveau plan de vie.

PRÉVOIR LES OBSTACLES

Vous devez être conscient que, lorsque vous cherchez à introduire des changements, vous pouvez rencontrer de la résistance et des obstacles qui vont vous gêner, vous freiner, interférer avec votre plan, votre vision, en créant des empêchements dans la réalisation de votre projet de vie. Cela ne veut pas dire que ces obstacles vous arrêtent complètement, mais ils freinent votre progression. Il faut soit les contourner, soit les enlever pour continuer votre route. En étant conscient que cela peut vous arriver, vous pouvez vous y préparer. Néanmoins, si certains obstacles sont connus ou du moins prévisibles, d'autres, au contraire, sont tout à fait imprévisibles.

Ces obstacles se présentent sous deux formes différentes : obstacles externes ou obstacles internes. Que ce soient des événements, des difficultés venues de l'extérieur, qui vous tombent dessus, ou des obstacles crées par vous-même, ils vous empêchent de continuer votre chemin.

Les obstacles externes

Parmi les obstacles externes qui peuvent vous gêner dans la réalisation de votre projet de vie, voici quelques exemples qui nous ont été donnés par des personnes que nous avons coachées : La violence, l'inflation, la télévision, le sexisme, des parents qui prennent de l'âge, la guerre, la maladie, les accidents, une tornade, un ouragan, la sécheresse, un tremblement de terre, le vieillissement, le licenciement, le divorce, la pollution, la perte du travail pour d'autres raisons que le licenciement, la surpopulation, la destruction du système social, une famille dysfonctionnelle…

Parmi ces obstacles, certains sont imprévisibles comme les catastrophes naturelles et il est bien difficile de s'y préparer. Mais d'autres sont, eux, prévisibles et l'on peut très bien s'y préparer. Ce n'est pas parce que vous avez réfléchi sur votre projet de vie et que vous avez une vision de votre prochain chapitre que vous ne rencontrerez pas d'obstacles sur votre route. Ces obstacles peuvent vous retarder dans la réalisation de votre projet. Il vous appartient d'apprendre à les enlever ou à les contourner.

La rencontre avec un obstacle externe n'est pas une raison pour abandonner votre projet, mais, à ces moments-là, vous avez besoin d'un peu plus de soutien. Quand vous rencontrez certains de ces obstacles, ou que vous imaginez ceux que vous pourriez rencontrer, notez-les, de manière à les avoir à l'esprit et à réfléchir aux moyens de les dépasser.

Les obstacles internes

Ce sont des obstacles que vous mettez vous-même sur votre chemin, et que vous pouvez plus facilement contrôler. Par exemple, si vous manquez de savoir-faire, de compétences dans tel ou tel domaine, vous pouvez suivre une formation pour acquérir ces compétences.

Regardez ces freins, ces menaces internes, comme quelque chose que vous devez apprendre à surmonter. Être conscient de vos obstacles internes vous permet de les éviter, de les empêcher de se mettre en travers de votre chemin. Certaines personnes ont besoin d'être aidées pour apprendre à agir davantage dessus. Comme le dit Richard Bandler : « Notre cerveau ne fait pas ce que l'on désire qu'il fasse, mais ce que nous lui ordonnons de faire[1] ». Vous devez apprendre à être le pilote de votre cerveau.

Voici quelques exemples d'obstacles internes donnés par des personnes que nous avons accompagnées dans la réalisation de leur projet de vie : de vieilles habitudes, la peur de l'échec, la peur de la réussite, le déni, la paresse, la peur de s'engager dans un projet parce que l'on se sent trop vieux, la dépression, l'abus d'alcool, se sentir démuni, sans ressources, pas assez bon, se blâmer, se mettre en colère sans raison, avoir une pauvre image ou

1. Bandler, R., *Un Cerveau pour Changer*, InterÉditions, 1990 et, nouvelle présentation, 2000.

une faible estime de soi, se déprécier, estimer ne pas mériter, avoir peur de tout et de rien, être stressé, se mentir à soi-même, avoir une mauvaise gestion de son temps, mal gérer son argent,…

Nous avons remarqué que ces différents obstacles relèvent de trois grands registres :

- le manque d'humour ;
- la certitude d'avoir toujours raison ;
- l'importance accordée à certaines choses.

Le manque d'humour

Considérer que la vie est une chose sérieuse et que seule la recherche du sérieux vaut la peine de vivre est un moyen sûr pour bloquer votre évolution. Décider d'agir et de prendre son destin en main est bien, mais prendre cette tâche trop au sérieux rend aveugle et bloque. Regardez autour de vous, et voyez comme les gens trop sérieux sont ennuyeux et rigides.

La certitude d'avoir toujours raison

Être sûr d'avoir toujours raison, être persuadé que sa vision du monde, sa façon d'être et de faire est la seule valable, représente un handicap majeur à l'évolution personnelle.

Une chose dont vous pouvez être sûr, c'est que chaque fois que vous vous sentez sûr de votre fait, de votre avis ou de votre opinion, c'est que quelque chose vous a échappé, ou que vous avez cessé de réfléchir et d'observer.

Il peut être parfois confortable de méconnaître certains de vos comportements, certaines de vos prémisses, ou certains éléments de votre environnement. Mais, quand vous êtes absolument sûr de vous, vous maintenez ces méconnaissances qui deviennent des obstacles internes majeurs qui gênent votre développement personnel et professionnel.

Les quatre questions suivantes :

- « Êtes-vous sûr d'être sûr ? »
- « Êtes-vous sûr de ne pas être sûr ? »
- « Êtes-vous sûr d'être sûrs, d'être sûr ? »
- « Êtes-vous sûr de ne pas être sûr de ne pas être sûr ? »

sont sûrement parfaitement stupides, mais vous serez beaucoup plus sûr d'être sûr et de ne pas être sûr quand vous vous les serez posées.

L'importance accordée à certaines choses

Dès qu'une chose devient « importante », les autres événements de la vie sont ignorés ou minimisés. Par exemple, si votre domaine professionnel devient « important », vous attacherez moins d'importance aux domaines du couple, de la famille, ou au domaine personnel et mieux vaut ne pas parler du domaine social. Nous appliquons tous avec sérieux et sûrs de notre fait la loi des 80/20 de Pareto : 80 % de notre attention et de notre énergie pour la chose « importante » et les autres 20 % pour tout le reste.

L'importance est le plus sûr moyen de vous aveugler, de rendre vos domaines de vie dysfonctionnants en adoptant un comportement d'intolérance extrême.

Pour beaucoup, être bloqué signifie « vouloir une chose et ne pas l'obtenir ». Cependant, peu prennent le temps de regarder avec humour cette « chose importante » et de remettre en question leurs « certitudes ».

Pour prendre la responsabilité de votre vie et faire les changements qui s'imposent, vous devez avant tout vouloir changer. Cela devient très difficile si vous traînez les pieds, vous plaignez tout le temps, rendez le monde responsable de tout ce qui vous arrive, avez des attentes irréalistes, vous plaignez d'avoir trop ou pas assez d'argent, que vous êtes perfectionnistes, manquez d'humour, êtes sûr de vous et de votre fait. Il y a qu'une seule chose importante dans la vie, c'est la vie elle-même. Vivre est une chose grave qu'il faut prendre au sérieux.

Exercice 19 – Levez les obstacles et vivez pleinement vos cinq domaines de vie

Reprenez votre cahier et notez les obstacles qui pourraient vous empêcher de réaliser la nouvelle organisation de vos domaines de vie, ou la pérennité de votre répartition actuelle de votre temps.

Prenez le temps de distinguer les obstacles externes et les obstacles internes. Pour les obstacles que vous estimez les plus importants, notez ce que vous pourriez faire pour :

- qu'ils deviennent encore plus importants ;
- qu'ils deviennent moins importants et qu'ils soient contournables ;
- qu'ils deviennent si légers qu'ils s'éliminent d'eux-mêmes.

Assurez-vous de passer en revue les obstacles dans tous vous domaines de vie : personnel, professionnel, du couple, de la famille, social.

Revenez maintenant sur vos identités de rôles dans chacun des domaines pour répondre aux questions suivantes en faisant un brainstorming :

- Quel est votre rôle préféré, celui dans lequel vous prenez le plus de plaisir et pour lequel vous êtes le plus compétent ?
- Quels sont les moyens, même les plus fous, pour développer du plaisir et de la compétence dans d'autres rôles essentiels, et dans votre vie en général ?

Sans doute avez-vous déjà remarqué que, si vous souhaitez réduire votre investissement dans un domaine de vie donné, il est plus facile et plus intéressant d'augmenter le temps que vous passez dans un ou plusieurs autres domaines, ce qui permet de rééquilibrer l'ensemble.

7

RESTEZ ALERTE

Bonne façon n° 7 : apprenez à apprendre et à désapprendre toute votre vie

APPRENDRE EST LA TÂCHE PRINCIPALE de tout être humain quel que soit son âge. L'apprentissage n'est pas un domaine réservé aux jeunes, au contraire, vouloir maîtriser le futur exige d'apprendre à l'appréhender différemment. Grâce à une réflexion sur les domaines de connaissances théoriques et pratiques, sur les compétences cognitives, affectives, sociales, relationnelles et autres, acquis dans les divers domaines de vie, il est possible de créer un programme d'apprentissage permanent qui développe les ressources et permet de rester à la pointe du progrès.

Car bien qu'apprendre soit une tâche majeure, elle n'est pas la seule. La capacité à acquérir et à assimiler les informations mises à sa disposition reste essentielle, certes. Néanmoins, savoir trouver des informations est aussi de toute actualité. Avoir accès rapidement à ce dont on a besoin est indispensable et cela s'apprend, comme tant d'autres compétences, d'ailleurs. Bien entendu, pour apprécier cette nouvelle donne et vivre bien avec, on a également besoin d'apprendre et de désapprendre un certain nombre de réflexes anciens, familiers, habituels. En effet, pour bien vivre le futur, on a tous besoin d'apprendre à apprendre, d'apprendre à désapprendre et d'apprendre de nouveau.

Cette nouvelle carte traitant du concept de l'apprentissage à l'âge adulte va vous aider à parvenir au summum de vos possibilités. Avant de vivre la première décennie de votre vie adulte, vous avez passé beaucoup de temps à apprendre de façon plus ou moins formelle. Vous êtes allés à l'école, puis au collège, au lycée, à l'université… afin d'obtenir un premier diplôme ou un premier travail, et de vous préparer pour la grande aventure de votre vie adulte. Vous avez appris les premiers rudiments d'un métier et cela vous a aidés à vous lancer dans la vie adulte. La formation nécessaire pour vous préparer à ce démarrage vous a souvent pris plus de 20 ans.

Bien sûr vous manquiez encore d'expérience, mais cela était compensé par le rêve qui vous portait. Pendant le reste de votre vie, vous allez acquérir encore beaucoup de savoirs et de savoir-faire, beaucoup d'expériences. Mais il est rare de vivre à nouveau une préparation aussi intense que celle de ces 20 premières années, à moins de faire une démarche volontaire, qui vous remette (ou vous mette) sur les bancs de la fac à 30 ou 40 ans, et parfois beaucoup plus tard, comme ces personnes qui décident de passer leur bac à 60 ou 70 ans, tout comme la grand-mère d'un des auteurs qui, à 70 ans, a décidé apprendre l'hébreu pour pouvoir lire la bible dans le texte.

En fait, chaque fois que vous commencez un nouveau chapitre de votre vie, vous avez besoin de faire de nouveaux apprentissages. La société vous a aidés à vous lancer la première fois, maintenant à l'âge adulte c'est à vous de vous prendre en charge pour gérer vos apprentissages.

L'apprentissage n'est pas un domaine réservé aux enfants et aux jeunes adultes. Apprendre, apprendre à apprendre et aussi à désapprendre, est la clé qui permet de rester un individu éveillé, en relation avec son environnement social.

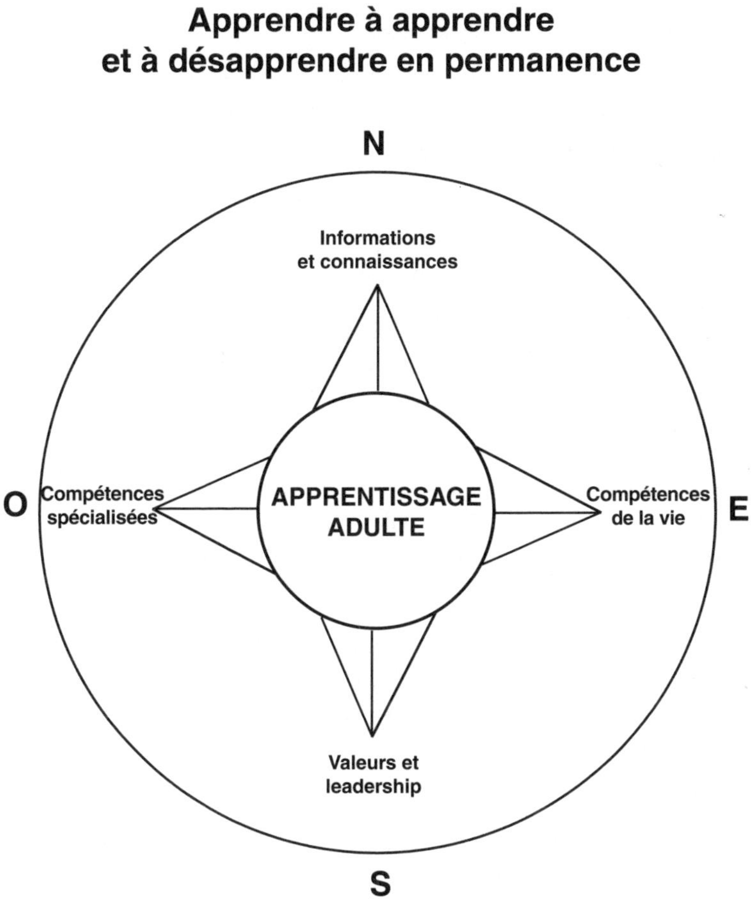

Figure 14 – La boussole des apprentissages pour ne pas perdre le nord

SEPT QUESTIONS POUR NE PAS PERDRE LE NORD

Ces questions visent à faciliter l'organisation de votre futur. Vous découvrirez que vous pourrez utilement les reprendre pour y répondre à chaque étape de l'élaboration de votre projet de vie :

- Qu'avez-vous besoin de désapprendre pour bien vivre le prochain chapitre de votre vie ?
- De quelles nouvelles informations avez-vous besoin pour bien vivre le prochain chapitre de votre vie et comment les acquérir ?
- Pour votre développement personnel, de quelles nouvelles compétences (personnelles, relationnelles, sociales) avez-vous besoin pour bien vivre le prochain chapitre de votre vie ?
- Pour votre développement professionnel, de quelles nouvelles compétences techniques avez-vous besoin pour bien vivre le prochain chapitre de votre vie ?
- Pour être en phase avec vos valeurs (actuelles et émergentes), qu'avez-vous besoin d'apprendre ou de développer pour bien vivre le prochain chapitre de votre vie ?
- Quels sont les apprentissages que peut vous apporter votre environnement pour bien vivre le prochain chapitre de votre vie, et quels environnements sont susceptibles de favoriser, soutenir et enrichir vos apprentissages ?
- Pour bien vivre le prochain chapitre de votre vie, quels sont les accompagnateurs, les maîtres, les mentors qui peuvent vous servir de guide ?

Ces questions méritent que l'on s'y attarde, comme vous serez invités à le faire ultérieurement lors d'un exercice.

Qu'avez-vous besoin de désapprendre

Qu'est-ce qu'on peut bien apprendre et désapprendre ? Vaste question, n'est-ce pas ? Et la réponse est non moins vaste, même si elle se décline en un seul mot : tout ! On peut désapprendre des certitudes, des idées reçues, des automatismes, des réflexes, des habitudes qui ne sont plus d'actualité pour le prochain chapitre de vie, quelle que soit leur nature : cognitive, affective ou comportementale.

Désapprendre consiste à vérifier ce qui vous a aidé à grandir jusqu'à maintenant et qui est aujourd'hui un obstacle à votre évolution.

Quels schémas de pensée qui vous ont aidés dans le passé ne vous serviront plus dans l'avenir et peuvent devenir, de ce fait, un obstacle interne important ? À quoi résistez-vous maintenant ? Dans quel domaine de vie devez-vous devenir plus actifs ?

Il est parfois très difficile de prendre conscience par soi-même de ce qu'on a besoin de désapprendre. On peut se faire aider dans cette prise de conscience en interrogeant son environnement personnel et professionnel. On peut demander à ses amis, à ses enfants, à son conjoint, ce qu'ils pensent qu'on devrait désapprendre. On peut également poser cette question à son manager, à ses collègues.

Tout comme de temps en temps on a besoin de désencombrer la mémoire de l'ordinateur pour la vider de tout ce qui n'est plus d'actualité, il est bon que chacun ait également sa « poubelle » pour y jeter toutes ses vieilles croyances, ses vieilles prémisses, ses vieilles idées devenues obsolètes. On peut également, pour aider à ce « grand nettoyage de printemps », se nourrir de nouveautés en assistant à des congrès, à des conférences, en lisant des revues ou des ouvrages récemment parus de manière à s'ouvrir à de nouvelles idées et, à chaque fois, se poser la question : « Qu'ai-je besoin de désapprendre, de mettre de côté pour que je puisse continuer à me développer et pas seulement me maintenir ? »

De quelles nouvelles informations avez-vous besoin ? Comment les acquérir ?

De quelles nouvelles informations et connaissances avez-vous besoin pour vous nourrir l'esprit dans le but d'être à votre meilleur niveau à cette époque de votre vie ? Quelles sont les informations et les connaissances dont vous pouvez faire l'économie, afin d'éviter une surcharge d'informations inutiles ?

Si un homme du siècle des lumières pouvait dans sa vie absorber l'ensemble des connaissances disponibles, aujourd'hui, chacun dans sa spécialité, même en y consacrant 24 heures sur 24, ne peut lire tout ce qui paraît sur le sujet. Malgré tout, si vous voulez rester au fait de votre domaine, vous avez besoin de continuer à vous informer et à rester dans l'actualité. Vous avez besoin de savoir filtrer cette masse d'informations qui vous arrive pour sélectionner ce qui mérite que vous vous y intéressiez et éliminer ce qui a peu de rapport avec la voie que vous suivez.

Il est important d'apprendre à vous focaliser sur l'information réellement utile, celle qui vous permettra d'avoir de l'expertise dans vos domaines de spécialisations. Cet apprentissage implique de savoir dire non à l'information parasite qui vient grignoter votre temps d'apprentissage. À ce propos, vous pouvez inscrire en priorité et dans l'ordre : la télévision, le téléphone, Internet et autres sources de médias. Si ce temps de pensée ne vous procure d'autre enrichissement que de vous faire consommer bêtement du temps, et n'ajoute rien à votre vie, sachez le refuser.

Il existe différentes manières d'acquérir de l'information utile. La lecture est la voie royale pour enrichir l'esprit. Vous devez lui consacrer un laps de temps quotidien, avec aussi bien de la poésie et des romans que des livres et des revues techniques. La lecture est, et restera la base de votre culture. Vous pouvez organiser des soirées entre amis, ou entre pairs, pour échanger et discuter des nouvelles idées avec d'autres personnes, participer à des groupes de lecture. Vous pouvez suivre des formations de « lecture rapide » ou « lecture efficace » pour augmenter votre vitesse de lecture et améliorer votre compréhension et votre taux de mémorisation de façon significative. Apprenez à lire plus, avec plus d'aisance et plus de plaisir.

Les voyages sont également une bonne manière d'enrichir la vision du monde. Il ne s'agit pas simplement d'une visite de quelques jours armés d'un Nikon et vêtu d'un bermuda à fleurs. Aller travailler et vivre dans un pays étranger, en prenant le temps d'apprendre la langue enrichit d'une nouvelle culture et fait sortir de la routine.

Vous pouvez également suivre des formations, des séminaires intensifs et des ateliers qui vous engagent profondément dans des apprentissages de base. Nombre d'entre eux qui aboutissent à des certifications ou à des diplômes sont organisés en soirée ou en week-end. Ces formations sont non seulement des occasions de développement personnel et professionnel, mais aussi l'occasion d'enrichir la vie sociale par la rencontre avec de nouvelles personnes. Ce type de rencontre permet de se faire de nouveaux amis, de constituer des réseaux relationnels, de créer des groupes de pairs, d'organiser son renouvellement personnel et professionnel.

Pour votre développement personnel, de quelles nouvelles compétences (personnelles, relationnelles, sociales) avez-vous besoin ?

Qu'est-ce qui vous permettra de faire en sorte que vos domaines de vie personnels, de couple, de famille et sociaux restent vivants, vivaces ? Comment vous assurer d'y avoir des buts et des objectifs dans chacun d'eux ?

La compétence est par nature un appareillage de deux structures, l'une faite d'informations de toutes natures, l'autre de la manière d'agir dans le monde, autrement dit comprendre le système de séquences d'action, qui permet le développement des capacités et l'intégration de nouveaux comportements tels que : écouter, s'affirmer, prendre la parole en public, écrire, négocier… Que ces capacités soient physiques ou mentales, il est important qu'elles soient présentes dans tous les actes quotidiens.

Par information, il faut entendre l'ensemble des systèmes symboliques, connaissances et savoir auxquels on fait appel dans la mise en œuvre de ses actions. Les informations s'insèrent dans les systèmes d'action.

On peut parler de compétence quand celle-ci est intégrée, comme faisant partie de l'identité, quand elle est incorporée et s'ajoute à la panoplie de ce qui constitue l'essence de l'individu.

À notre époque, de nombreux technocrates managers, spécialistes dans leur domaine technique ont des comportements et des savoir-faire remarquables dans leur champ de spécialités, mais ils n'ont pas intégré ces compétences de base dans leur vie personnelle. Il est important de « décompartimenter » ses compétences, et d'apprendre à en faire usage dans ses domaines de vie personnels. Lorsque vous faites des apprentissages spécifiques qui vous aident à mieux vivre, dans votre sphère professionnelle, il est important d'en faire profiter votre entourage personnel, familial, social aussi.

Des stages de formation, des marathons, des groupes ponctuels, des séances de développement personnel, des séminaires tels la Process Communication, l'Estime et Affirmation de Soi, la Sémantique Générale, la Gestion du Stress, la Dynamique de Groupe, l'Initiation au Psychodrame et aux Jeux de Rôles… sont des aides précieuses sur lesquelles prendre appui pour ancrer vos capacités, élargir l'éventail de vos comportements et développer vos compétences.

Vous pouvez aussi élargir et développer vos compétences personnelles en vous engageant dans les actions communautaires au sein d'associations, ou d'organisations comme les « Restos du Cœur », « Amnesty International », « Green Peace » ou n'importe quelle autre organisation qui développe des programmes pour la paix et le partage de richesses dans le monde.

Pour votre développement professionnel, de quelles nouvelles compétences techniques avez-vous besoin ?

Quelles sont les compétences professionnelles particulières dont vous avez besoin à cette époque de votre vie ? Il se peut que ce soient des compétences de management, des compétences en informatique ou dans tout autre domaine technique.

La compétence professionnelle prend la forme d'une habileté cultivée. Elle met l'accent sur l'incorporation, au fil du temps et au gré des contextes, des savoirs et des savoir-faire acquis et de leur mise en acte dans la pratique professionnelle. La compétence à ce niveau est attribuée et reconnue autant par l'extérieur que définie à partir du système technique et par soi-même grâce à sa propre compétence à reconnaître son habileté et son savoir-faire technique.

Partant des systèmes sociothéoriques, une compétence ne peut prendre forme qu'à partir du moment où l'on se reconnaît cette compétence. On a donc besoin, pour devenir plus efficace dans son métier, d'intégrer des informations externes qui peuvent être obtenues en interrogeant sa hiérarchie, ses collègues de travail, et, également, d'autres professionnels de sa branche pour mettre au jour ce qu'il serait utile, voire indispensable, d'apprendre ainsi que des moyens par lesquels la compétence professionnelle peut être améliorée.

Mais il importe de confronter ces informations à une bonne méthode d'évaluation interne ; il faut être en mesure de vérifier par soi-même sa propre compétence, c'est-à-dire savoir quoi faire et comment le faire pour rester sur la voie du progrès et de la connaissance qu'on a tracée.

Comme pour la compétence personnelle, la lecture est un bon moyen de se tenir au courant des progrès et du devenir de sa profession. Il est possible également de profiter des programmes de formation continue pour adulte. De nombreuses opportunités et modalités existent auprès des organisations professionnelles, chambres syndicales et chambres de commerce. Il est possible de compléter ses connaissances en passant des Unités de Valeur (UV) à l'université, en adhérant à un réseau qui travaille sur les points critiques de son champ d'expertise, en consultant Internet (sans se laisser piéger toutefois par des sites qui ne présentent aucun intérêt). On peut devenir leader dans cette démarche et organiser des réunions avec d'autres professionnels qui viennent de différentes sociétés de la région. Il suffit parfois de se lancer des défis d'apprentissage et de remises à jour permanentes de ses compétences pour trouver autant de moyens et d'options possibles et réalistes.

Pour être en phase avec vos valeurs (actuelles et émergentes), qu'avez-vous besoin d'apprendre ou de développer ?

Quelles sont les valeurs centrales et les champs de leadership que vous souhaitez développer à cette époque de votre vie ? Où pouvez-vous acquérir les compétences qui les accompagnent de façon à devenir leader et exercer de l'influence ?

Quand on est en contact avec ses valeurs fondamentales, on se sert de son expérience comme base à laquelle directement se référer pour élaborer des concepts et guider ses comportements.

Être en contact avec ses valeurs, c'est se rapprocher de ce qui se passe en soi, c'est élargir son champ de conscience car, dans le présent de l'expérience, se retrouvent les traces de tous les apprentissages passés qui s'y rapportent et qui constituent alors les critères d'évaluation.

Se pose alors la question : « Est-ce que mes actes sont en accord avec mes valeurs, est-ce que ce que j'envisage de faire m'enrichit, me rend plus complet, fait de moi une personne plus épanouie ? » À première vue, ceci peut sembler égoïste ou asocial, mais ce n'est qu'une apparence. Le fait de se situer par rapport à ses valeurs et non plus par rapport à des critères externes favorise l'installation de relations profondes et aidantes avec autrui.

Pour être en contact avec vos valeurs, vous devez faire confiance à la sagesse de vos ressentis, apprendre à faire confiance à la totalité de votre être, à accepter que vos sentiments et votre intuition puissent être plus sages que la raison. Vous devez saisir que votre personne totale peut être plus précise et sensible que votre pensée seule.

Il ne faut pas craindre de déclarer « J'ai l'impression que cet objectif-ci ou l'expérience que je vis actuellement est en accord avec mes valeurs. Il est probable que plus tard je pourrai le vérifier et je saurai pourquoi cette impression était bonne. » Apprenez à faire confiance à la totalité de votre être et si l'action choisie ne concourt pas bien, n'est pas ajustée, en accord avec vos valeurs, vous saurez le percevoir et faire les révisions et les ajustements qui s'imposent.

La conséquence la plus immédiate, lorsqu'on vit en phase avec ses valeurs, c'est-à-dire que ces valeurs contribuent au développement et à l'épanouissement personnel ainsi qu'à la survie et au développement d'autrui, est qu'on participe à l'évolution générale du monde et qu'on devient beaucoup plus efficace dans cette démarche. On devient un modèle et un exemple pour les autres, un guide, un leader dans le processus de l'évolution humaine.

Avoir une position de leader ne tient pas aux compétences techniques, mais aux compétences humaines, au développement personnel. Intégrées, des valeurs comme la sincérité, l'indépendance d'esprit, la maîtrise de soi, la sensibilité à autrui, la responsabilité sociale et la relation d'amour interpersonnelle constituent un fondement qui contribue à son propre épanouissement aussi bien qu'à celui des autres, et favorise sa position de leader au sein de la communauté.

Quels sont les apprentissages que peut vous apporter votre environnement et quels environnements sont susceptibles de favoriser vos apprentissages ? »

Où pouvez-vous apprendre ce que vous avez besoin d'apprendre ? Quels environnements sont des sources d'apprentissage optimum pour vous ?

L'apprentissage se situe à des niveaux différents. L'apprentissage de type scolaire se réduit malheureusement le plus souvent à acquérir « un lexique sans syntaxe », quelque chose de l'ordre de l'utilitaire, plutôt qu'une accession à la connaissance active et organisée. Seule l'appropriation personnelle des connaissances caractérise vraiment l'acte d'apprendre. Les seules connaissances qui puissent influencer le comportement sont celles découvertes par soi-même et que l'on s'approprie. Vue sous cet angle, la planète entière devient un lieu d'apprentissage et le goût du savoir, une fois éveillé ou réveillé, se révèle insatiable. Apprendre, c'est savoir se lancer, comme le dit Carl Rogers, dans un processus qui est passionnant, mais parfois un peu effrayant. Apprendre à lire, c'est s'ouvrir à l'univers du livre, apprendre à apprendre, c'est se donner les clés de la curiosité jamais satisfaite, de la création et du dialogue.

Vous devez retrouver la satisfaction d'apprendre, que ce soit en participant à des actions, en étant membre de réseaux, en faisant des marathons de développement personnel, des stages, en relation avec un groupe, en individuel, ou tout seul. Ne considérez pas l'apprentissage comme quelque chose qui puisse et doive être acheté.

Refusez l'apprentissage réduit à la répétition conforme et contrôlée, une instruction imposée et passivement reçue. Vous avez le besoin et le désir d'apprendre parce que vous êtes prêts pour cela. Un proverbe yiddish dit : « Lorsque l'élève est prêt, le maître apparaît ». C'est aussi vrai pour les environnements d'apprentissage : lorsque vous êtes disposés à apprendre, les lieux d'apprentissage apparaîtront clairement à vos yeux. Restez vigilants et responsables en prenant le temps, tout en laissant libre cours à votre intuition pour trouver le lieu de la connaissance qui vous convient. Les lieux pour apprendre sont multiples, mais les vrais Dôjô (la maison de la voie, en japonais, le lieu de la connaissance) sont rares. Prenez le temps de rechercher celui qui convient à vos besoins et ensuite engagez-vous à fond dans l'apprentissage choisi.

Un apprentissage humain est celui qui aboutit à des compétences permettant d'en acquérir une infinité d'autres et qui éduque ainsi la personnalité tout entière. Un apprentissage humain est celui qui permet d'apprendre à apprendre et par là même à être.

Qui sont les accompagnateurs, les maîtres, les mentors qui peuvent vous servir de guide ?

Une seule réponse à cette question, celle qui est donnée par Carl Rogers : « Pour favoriser un apprentissage valable, il est indispensable qu'il existe entre l'apprenant et celui qui facilite son apprentissage une relation interpersonnelle qui implique certaines qualités d'attitudes[1] ».

1. Rogers, C., *Le développement de la personne*, Dunod, 1998.

Ni les connaissances approfondies, ni les technologies les plus avancées, ni les ouvrages les mieux adaptés ne remplaceront la présence attentive et respectueuse d'un coach qui vous accepte inconditionnellement et à qui vous faites confiance pour respecter votre autonomie.

Bien sûr, un coach ne remplace pas l'acquisition de connaissances, mais il y simplifie l'accès, tout comme l'attitude de compréhension et l'empathie de l'enseignant facilitent le développement personnel de l'élève.

Faciliter vos apprentissages c'est avant tout choisir la personne qui saura se centrer sur vous-même, comprendre, au-delà de votre demande, vos vrais besoins, qui saura accepter et faire émerger vos valeurs, vous comprendre mieux que vous ne vous comprenez vous-même. La finalité, l'idéal du « bon coach », du « bon mentor », c'est l'image d'une personne qui vous apprend sans cesse comment apprendre. Ce sont des personnes qui ont appliqué leurs connaissances à elles-mêmes, qui sont parvenues à intégrer leurs valeurs et leurs compétences dans le moindre de leurs actes quotidiens.

Bien sûr, l'apprentissage que vous réalisez par vous-même au travers de l'expérience est irremplaçable, mais la fonction d'un coach est de vous indiquer les raccourcis, de vous aider à mettre au jour vos obstacles internes, de prévoir les obstacles externes, de vous éviter les échecs et les tâtonnements décourageants, de vous donner et de vous indiquer les cartes qui vous permettront de vous diriger sur le chemin de notre vie.

Vous avez besoin d'un soutien affectif pour vous lancer dans votre projet de vie, d'une aide réelle pour faciliter votre départ vers l'autonomie. C'est pour cette raison qu'un grand nombre d'enseignants conventionnels ne semblent pas des maîtres adéquats et appropriés. Bien que ces personnes soient devenues expertes dans leurs spécialités, elles ne maîtrisent pas la manière dont leur champ d'expertise est relié aux domaines de vie autres que professionnel.

Votre prochain professeur devra être quelqu'un qui vit et ressent authentiquement ce que vous souhaitez et avez besoin d'apprendre.

Il existe de tels « maîtres » disponibles dans le monde, à vous de les trouver et d'accepter une relation authentique d'apprenant avec eux. Il vous appartient de trouver le maître qui saura vous accompagner en conciliant l'apport directif des acquisitions et l'apport non directif des propositions, qui sera animé et soutenu en permanence par des attitudes d'acceptation inconditionnelle et de compréhension, qui saura favoriser et développer votre liberté de choisir et votre liberté d'être.

APPRENDRE EST LA BASE DE VOTRE DÉVELOPPEMENT ADULTE

Si vous voulez rester éveillés, être toujours présents à la vie, apprendre doit être pour vous une attitude, une habitude, une façon de vivre.

Être et rester un adulte vraiment vivant, c'est apprendre à saisir l'expérience immédiate, à agir en accord avec son « organisme » comme un tout intégré à son environnement, c'est créer des liens avec le prochain, c'est vivre pleinement en accord avec soi-même et avec les autres.

Apprendre, c'est être constamment disponible pour accueillir l'état présent, sans le réduire au déjà-vu, pour y réagir librement. Être ouvert à l'apprentissage permanent, c'est découvrir l'inconnu et ne plus le craindre.

L'apprentissage invite en permanence au renouvellement de soi-même ; il propose d'être à la fois authentique et altruiste, attaché à ses valeurs et ouvert aux autres, de donner plus d'importance à la question qu'à la réponse, d'être plus sûr de chercher la vérité que de l'avoir trouvée.

L'apprentissage est une valeur d'exigence, une mobilisation solidaire pour mettre les institutions au service de l'homme et non l'inverse. Être un apprenant permanent, c'est être une personne dynamique, luttant en permanence contre les injustices. C'est refuser d'accepter d'adhérer à des systèmes figés qui produisent une répartition non équitable des richesses, et des banlieues devenues des ghettos. C'est refuser que les choses restent statiques, inchangées. Apprendre c'est se poser des questions. Pour celui qui apprend en permanence, la vie est une aventure, le goût du risque lui est nécessaire, la passion l'accompagne.

Quand vous décidez d'être cette personne-là, la vie ne peut que s'intensifier ; la qualité des relations l'emporte sur la quantité des possessions. Les relations authentiques actuelles reflètent votre souhait d'une société future plus humaine.

Apprendre, c'est cheminer en se libérant des certitudes empruntées pour laisser monter en soi des interrogations nouvelles pour lesquelles aucune réponse n'a été donnée. En tant qu'adultes, vous n'avez peut-être pas trouvé toutes les réponses que vous cherchiez, mais du moins, aurez-vous appris à vivre avec vos questions et à les laisser prendre forme.

Où se trouve la richesse et le développement humain, dans la question ou dans la réponse ? La réponse est peut-être contenue dans les paroles de Rainer Maria Rilke « Efforcez-vous d'aimer vos questions elles-mêmes, chacune comme une pièce qui vous serait fermée, comme un livre écrit dans une langue étrangère. Ne cherchez pas pour le moment des réponses qui ne peuvent vous êtres apportées, parce que vous ne sauriez pas les mettre en pratique, les vivre. Et, il s'agit précisément de tout vivre. Ne vivez pour l'instant que vos questions. Peut-être simplement en les vivant finirez-vous par entrer insensiblement un jour dans les réponses. Confiez-vous à ce qui vient.[1] »

Exercice 20 – Sept questions pour le futur

Répondre aux « Sept questions pour le futur » vous aidera à organiser vos apprentissages dans le prochain chapitre de votre vie.

Elles vous sont offertes ici sous forme d'exercice. Vous avez bénéficié d'exemples et de suggestions au cours de votre lecture ; maintenant, c'est à vous de découvrir comment vous pourrez vous servir de ces pistes de réflexion pour construire votre vie adulte, quitte à reprendre ces sept questions encore et encore, pour y répondre à tout âge et à chaque étape de l'élaboration de votre projet de vie.

En effet, comme vous pourrez le constater, ces questions visent à vous aider à trouver des repères. Toutefois, dans la mesure où elles proposent un axe de recherche et de remise en question permanente, nous vous invitons à les reprendre lorsqu'une nouvelle configuration se présentera. Il suffira alors de remplacer les mots « pour bien vivre le prochain moment de ma vie » par une formule qui s'applique à votre situation du moment.

Vous êtes prêts ? On y va :

- Qu'est-ce que j'ai besoin de désapprendre pour bien vivre le prochain chapitre de ma vie ?
- De quelles nouvelles informations ai-je besoin pour bien vivre le prochain chapitre de ma vie et comment les acquérir ?
- Pour mon développement personnel, de quelles nouvelles compétences (personnelles, relationnelles, sociales) ai-je besoin pour bien vivre le prochain chapitre de ma vie ?
- Pour mon développement professionnel, de quelles nouvelles compétences techniques ai-je besoin pour bien vivre le prochain chapitre de ma vie ?
- Pour être en phase avec mes valeurs (actuelles et émergentes), qu'ai-je besoin d'apprendre ou de développer pour bien vivre le prochain chapitre de ma vie ?
- Quels sont les apprentissages que peut m'apporter mon environnement pour bien vivre le prochain chapitre de ma vie, et quels environnements sont susceptibles de favoriser, soutenir et enrichir mes apprentissages ?

---

1. Rilke, R. M., *Lettres à un jeune poète,* Grasset, 2002.

- Pour bien vivre le prochain chapitre de ma vie, qui sont les accompagnateurs, les maîtres, les mentors qui peuvent me servir de guide ?

PETIT TRAITÉ DE SAVOIR-VIVRE DANS UNE SOCIÉTÉ EN MOUVEMENT

Vivre dans notre société moderne requiert des compétences de tout ordre. Comme vous l'avez déjà remarqué en répondant aux « sept questions pour le futur », certaines de ces compétences sont d'ordre technique, voire technologique, alors que d'autres sont d'ordre humain. En effet, les compétences d'ordre technique représentent des savoir-faire technologiques ; alors que celles qui sont d'ordre humain renvoient à des compétences plus subtiles, plus nuancées qui relèvent du savoir-vivre.

Surfer sur le Net sans perdre trop de temps, lire rapidement et efficacement, utiliser un ordinateur personnel, ou un smart phone, programmer votre magnétoscope, voici quelques exemples de savoir-faire d'ordre technique. En revanche, accepter ou refuser une invitation, demander directement ce que vous désirez, dire non quand votre réponse est vraiment « non » et oui, quand elle est vraiment « oui », solliciter un service, accepter ou refuser un compliment, vous affirmer, demander pardon, prendre la parole en public, laisser la parole aux autres, parler de la pluie et du beau temps, etc., relèvent de l'art de la politesse et du savoir-vivre dans un monde en mouvement.

Exercice 21 – Du savoir au savoir-vivre

Nous vous invitons maintenant à pointer ce qui relève des deux ordres de compétences que vous avez mis en exergue dans l'exercice 20 « Sept questions pour le futur ». Bien entendu, tout ce qui appartient à ces deux types de savoirs s'apprend et se désapprend, s'acquiert et s'élimine, se maintient et s'entretient.

Prenez note de ce dont vous avez besoin en ce qui concerne ces deux niveaux de savoir pour le prochain chapitre de votre vie, en répondant aux questions suivantes :

- Quelles sont les compétences que vous avez à acquérir, que celles-ci soient « dures » (techniques) ou « douces » (humaines) ?
- Où, dans quels lieux, dans quels contextes, pouvez-vous les apprendre ?
- Qui seront vos guides, vos enseignants ?

Vous trouverez sans doute encore d'autres réponses à cette dernière question en poursuivant votre lecture. Toutefois, voilà quelques exemples de réponses tirés de notre pratique :

Compétences « dures » (techniques) :

- Utiliser un logiciel de dessin, de création de base de données...
- Envoyer des mails (courriels)
- Surfer sur le Net
- Créer un blog personnel, un site Internet simple
- Programmer le magnétoscope, utiliser le lecteur de DVD
- Prendre des photos avec un appareil numérique
- Conduire une voiture

Compétences « douces » (humaines) :

- Danser
- Me maquiller
- M'affirmer
- Parler en public
- Me tenir correctement à table en société
- Améliorer mon « look »
- Apprécier la solitude
- Apprivoiser la compagnie des autres

Lieux et contextes dans lesquels apprendre ces compétences

- Des formations payantes ou gratuites
- Des réunions d'échanges de compétences
- Maison pour tous
- La mairie
- La chambre de commerce
- Des associations diverses
- Chez moi

Guides et enseignants

- Des formateurs professionnels
- Des membres de ma famille : mes frères et sœurs, mes parents, mes enfants...
- Des collègues de travail
- Des camarades avec qui je partage mes loisirs
- Des voisins
- Mon médecin traitant
- Mon maître d'arts martiaux
- Mon pasteur, mon prêtre, mon rabbin...

Maintenant, la parole est à vous pour que vous écriviez vos propres réponses à ces questions clés :

- Quelles sont les compétences « dures » (techniques) que vous avez à apprendre ? Et à désapprendre ?
- Quelles sont les compétences « douces » (humaines) que vous avez à apprendre ? Et à désapprendre ?
- Où, c'est-à-dire, dans quels lieux, dans quels contextes, pouvez-vous apprendre les compétences requises ? Et désapprendre ce dont vous avez à vous défaire ?
- Qui seront vos guides, vos enseignants, vos mentors, vos coaches ?

Dans ce dernier exercice, vous avez souligné des compétences « douces » et « dures » que vous devez réunir pour bien vivre votre futur. Force est de constater toutefois que, pour tout apprentissage quel qu'il soit, il est nécessaire de vous octroyer le temps et de passer à l'action. Voilà l'activité que nous vous proposons maintenant car, en planifiant l'acquisition de compétences nouvelles et en ordonnant la mise en valeur de connaissances et capacités actuelles, vous organisez ce dont vous avez besoin pour garder le cap et construire votre vie.

Exercice 22 – Planifiez votre agenda d'apprentissages de compétences

Comment pouvez-vous planifier un agenda d'apprentissages efficaces pour le prochain chapitre de votre vie, en améliorant vos compétences humaines, vos compétences techniques et vos compétences concernant vos valeurs et vos capacités de leadership ?

Voici la demande qui vous est adressée. Voyons quels engagements vous êtes prêts à prendre pour maîtriser votre avenir. Nous vous en proposons à titre d'exemple ; à vous d'en trouver ou d'en créer d'autres pour personnaliser votre démarche d'apprentissage.

Compétences humaines

- Rejoignez un réseau d'autres personnes intéressées comme vous par le développement des compétences personnelles.
- Si vous êtes parents d'enfants scolarisés ou d'étudiants, créez des groupes d'étude et d'échange avec deux ou trois autres couples ou parents isolés, pour échanger, discuter, débattre, dans le but de trouver des stratégies, pour que chaque famille devienne un centre d'apprentissage des compétences humaines.
- Au travail, organisez des déjeuners-débats pour échanger au sujet d'articles, de livres, ou d'émissions de radio ou de télé sur le sujet des compétences humaines que chaque participant aura vu ou lu avant de venir.
- Passez une ou deux heures par semaine dans une bibliothèque pour vous documenter sur les livres ou les revues traitant de ce sujet.

Compétences techniques

- Suivre un séminaire de formation intensif au moins une fois par an.
- Organiser des groupes de pairs et d'échange avec des collègues.
- Entreprendre des études pour obtenir un diplôme, ou des programmes de certification avancés pour acquérir d'avantage de maîtrise dans votre domaine professionnel.
- Apprendre une nouvelle profession.
- Utiliser au maximum les ressources de votre ordinateur : Internet, CD-Rom, DVD, technologies interactives et réseaux d'information, pour faire de votre ordinateur une véritable petite université personnelle.

Valeurs et leadership

Faire du bénévolat dans un quartier de votre ville, dans votre communauté religieuse, dans un club ou dans une association qui vous tient à cœur.

Militer dans un groupement politique.
Participer activement aux associations sportives pour les jeunes et les personnes âgées.
Suivre des cours de formation continue dans un domaine où vous souhaitez apporter une contribution.
Parrainer une famille dans un pays du tiers-monde et apprendre tout ce qu'il est possible de savoir à son sujet. Ne la prenez pas en pitié, apportez-lui une aide réelle.
Prendre un rôle de leader dans un milieu où vous êtes déjà engagés, peu importe la taille du rôle, le petit ou le grand, vous pouvez apporter activement votre contribution.

8

DONNEZ-VOUS DES POINTS D'APPUI SOLIDES

Bonne façon n° 8 : revivifiez régulièrement vos principes de vie

TOUT UN CHACUN CONNAÎT DES « RÈGLES DE VIE », des principes avec lesquels il a vécu pendant son enfance et qu'à son insu, encore aujourd'hui, il continue à suivre. En fait, ce n'est pas parce que, devenu adulte, on a pu choisir son mode de vie que ces mêmes principes ont perdu de leur force, bien au contraire, paradoxalement.

POURQUOI REVISITER SES PRINCIPES DE VIE

Pour construire la vie que l'on souhaite, il est bon de revisiter ses principes de vie et de vérifier leur validité. Pour cela il est nécessaire de déterminer les principes à l'œuvre dans sa vie, afin de les apprécier à leur juste valeur et de les reconsidérer le moment venu. Deux grandes catégories de principes sont, effectivement, offertes : les anciens, qui ne servent plus au développement et freinent l'épanouissement, et les nouveaux qui soutiennent le renouvellement et la transformation.

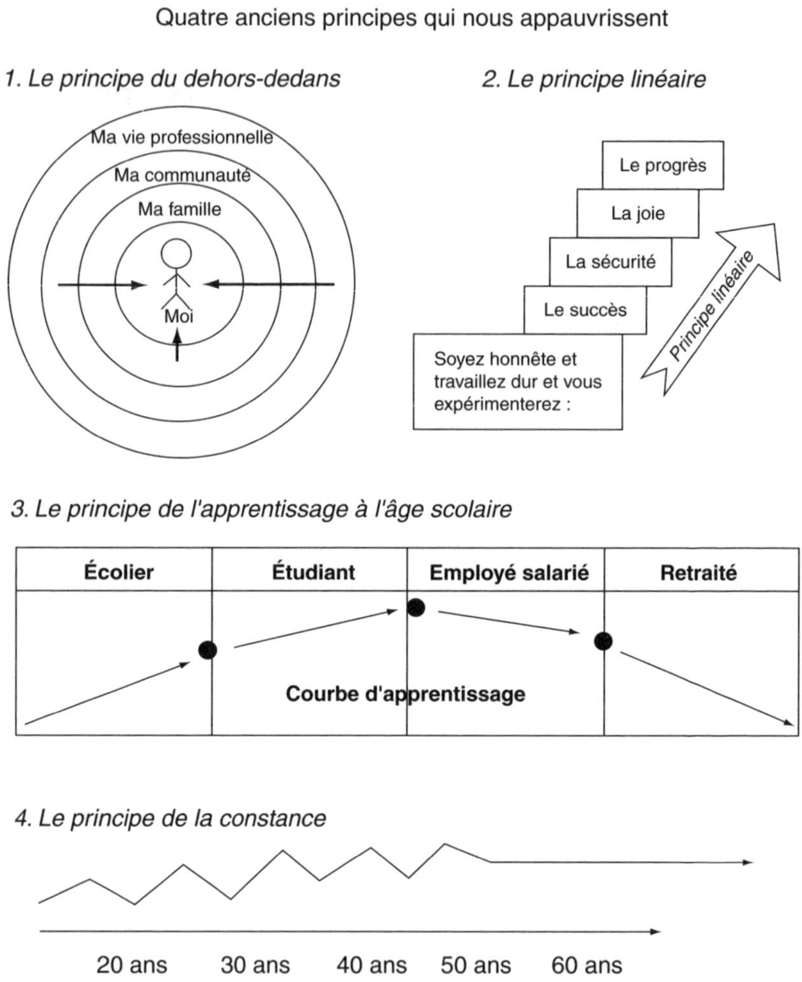

Figure 15 – Les anciens et…

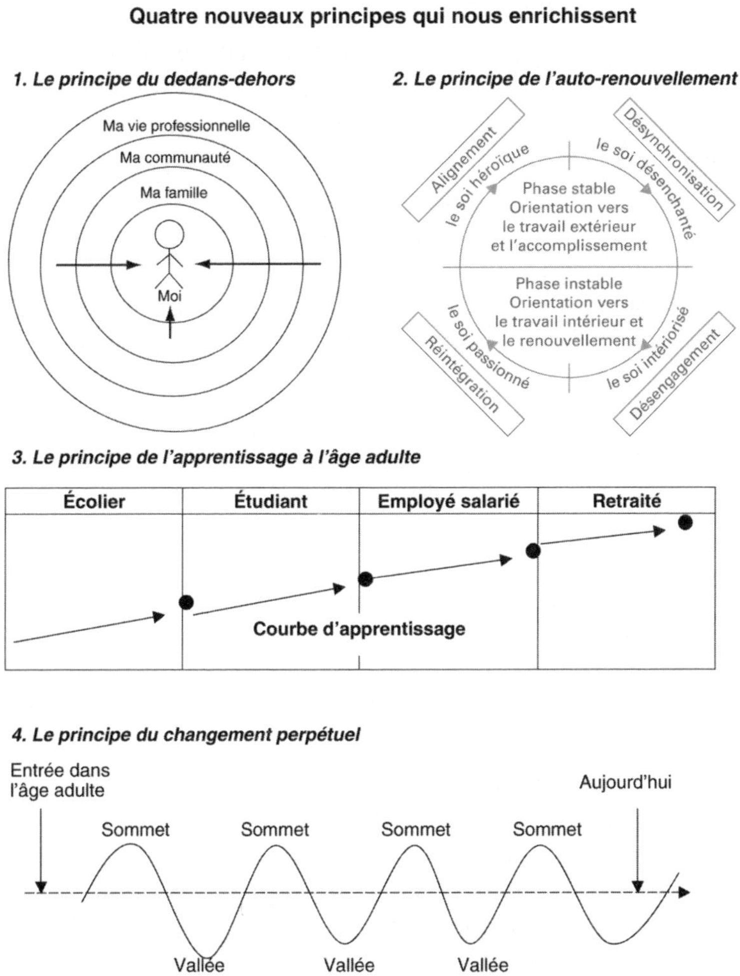

Figure 16 – … les nouveaux principes

Les figures 15 et 16 vous initient aux principes anciens et nouveaux ; les exercices vous aident à identifier et revisiter vos principes de vie et vous fournissent des moyens pour faire du neuf même avec du vieux.

En l'an 2010, persister à imaginer la vie adulte selon les anciens schémas de stabilité, de linéarité et de constance transmis par les générations précédentes amène à coup sûr à être déçu du voyage. Une telle représentation, accompagnée d'attentes et non-dits vis-à-vis des membres de sa famille, de son employeur, de son entourage... aboutit à un échec car le monde a changé et on se doit de suivre le mouvement. De nouveaux principes de vie, liés au changement, à l'identité et à l'apprentissage continu tout au long de l'existence gouvernent aujourd'hui le monde dans lequel on vit.

Vouloir construire sa vie adulte et réussir son projet de vie exige de revisiter régulièrement ses principes de vie pour les confronter aux nouveaux principes qui permettent de faire du changement un allié. Pour cela, il faut distinguer les anciens des nouveaux principes et reconnaître comment ils sont potentiellement tous à l'œuvre encore dans sa vie. La carte des anciens et des nouveaux principes fournit une opportunité de comprendre sur quelles bases on a fondé sa vision du monde actuelle. Une fois ces informations intégrées, on peut cesser de s'imposer de vieux principes dépassés et limitants pour fonctionner, au contraire, selon les nouveaux principes qui ouvrent des possibilités de développement.

Un changement culturel, un nouveau paradigme sont nécessaires pour passer des anciens principes aux nouveaux. En réactualisant ses prémisses, en révisant ses attentes, on contribue à ce changement et on participe à une nouvelle ère pour l'humanité.

Cette nouvelle carte schématise les changements principaux qui ont eu lieu au cours des dernières générations. La majorité d'entre nous a été « programmée » pour avoir une vie plus ou moins stable et linéaire. Le message reçu dans l'enfance : « Trouve-toi un bon métier, fonde une famille, sois un membre respectueux et respectable de la communauté à laquelle tu appartiens, sois un bon citoyen de ta commune, ville, pays…, et tu obtiendras le bonheur et la prospérité. »

Ayant cru à ce message, on a conclu que le monde était stable et, que si on était stable soi-même, on participerait au maintien du système. L'optimisme était de mise et il est vrai que pendant de longues périodes du siècle dernier, le monde semblait assez stable, fiable, peut-être un peu uniforme, mais de toute façon rassurant. Puis, en moins d'un un quart de siècle, ce monde auquel on était habitué est passé de la stabilité au chaos. À la compréhension d'un monde stable, linéaire, ordonné, a succédé une conception d'un monde changeant et évoluant en permanence, un monde dans lequel on est constamment bousculé.

Nombreux sont ceux qui ne veulent pas accepter ce changement et s'obstinent à vouloir vivre comme s'ils étaient toujours dans un modèle stable à évolution lente. Ils revendiquent un retour au passé et trouvent illégitime que les plans de vie qu'ils ont construits avec peine ne les conduisent pas vers une sécurité définitive, à l'image de ce qu'ils avaient imaginé car, pour eux, le futur ne peut être que le reflet amélioré du passé.

En l'an 2010, une telle représentation du monde est un passeport pour la déception.

Au lieu de profiter de ce que les évolutions technologiques et le progrès constant rendent possible pour remplir leurs vies au gré du changement, ces personnes perçoivent leurs vies comme appauvries par rapport aux promesses qui leur avaient été faites, auxquelles elles avaient cru et veulent continuer à croire, en niant les évidences de la réalité.

Le moment est venu de changer de paradigme et de porter un regard plus lucide sur la manière dont on vit sa vie, sur le fonctionnement de son époque et sur le monde en marche.

Voici les *quatre anciens principes* que nous avons besoin de désapprendre :

- le principe du dehors-dedans ;
- le principe linéaire ;
- le principe de l'apprentissage à l'âge scolaire ;
- le principe de la constance.

Ils sont remplacés par ces *quatre nouveaux principes :*

- le principe du dedans-dehors ;
- le principe de l'auto-renouvellement ;
- le principe de l'apprentissage à l'âge adulte ;
- le principe du changement perpétuel.

LES QUATRE ANCIENS PRINCIPES DES GÉNÉRATIONS PASSÉES

Le principe du dehors-dedans

Ce premier principe affirme que la vie d'une personne est définie et déterminée par les directives de son environnement socioculturel. De ce point de vue, ses comportements sont façonnés par l'ensemble des composantes de l'environnement proche : professionnel, familial, amical, communautaire, etc. qui déterminent ses choix à tous les niveaux.

Dans ce système, personne ne songe à se déterminer par rapport à un projet de vie innovant car la vie future a déjà été planifiée par l'environnement.

La seule chose raisonnable à faire est de suivre les directives et les conseils des systèmes environnants auxquels on participe, qu'ils soient ceux de la famille, de l'école, des institutions, des communautés religieuses, des entreprises où on travaille ou du gouvernement.

Tous ces systèmes, servant de cadre, devaient rendre heureux grâce à leur stabilité, leur permanence, leur résistance au changement et, également, parce qu'ils étaient mieux informés que l'individu de ce qui est bon pour lui. C'est comme si l'on vous disait « Pour être gagnant, contentez-vous de faire ce que l'on vous dit de faire ».

Le principe linéaire

Ce deuxième principe dicte un mode de vie selon lequel ceux qui travaillent dur et qui sont d'honnêtes travailleurs peuvent s'attendre à progresser et jouir d'une vie calme et prospère. Le respect de ce principe servait de guide pour la vie et permettait de passer naturellement d'une étape à une autre. On choisit un métier à exercer toute sa vie, on entre dans une entreprise pour y faire carrière, on fonde une famille, on fait partie d'une communauté, plus rien ne change.

La croyance qui sous-tend ce principe est que, puisqu'on n'a que quelques choix à faire, il suffit de faire les bons pour qu'ils restent valables toute la vie. Parmi les choix : la carrière professionnelle, le lieu de vie, l'époux ou l'épouse, le nombre d'enfants… l'avenir devait se construire de cette manière-là. Et, si tout le monde suivait la formule et se conduisait selon le même modèle, le monde ne pouvait que s'améliorer d'année en année, de génération en génération dans le respect de ce principe et en faisant le mieux possible.

Le principe de l'apprentissage à l'âge scolaire

Dans un monde régi par les anciens principes, règne une croyance forte : l'apprentissage est un domaine réservé aux enfants et aux jeunes adultes. Il leur permet d'acquérir les moyens pour se lancer dans une carrière stable et fonder une famille.

Selon ce principe, une fois les études ou l'apprentissage professionnel terminés, on est censé se lancer dans la vie adulte, entrer dans la vie active, et travailler avec le savoir et le savoir-faire que l'on a accumulés. On devait transformer sa formation en un travail productif et rémunéré à réaliser jusqu'à la retraite. En suivant ce principe pendant le reste de sa vie, la formation professionnelle est soit inexistante, soit vouée à jouer un rôle essentiellement mineur.

La croyance sous-jacente : il n'existe pas ou très peu de compétences et de capacités nouvelles qu'il soit nécessaire d'apprendre et de développer tout au long de sa vie, avoir un bon bagage intellectuel au départ suffit. Qu'un adulte puisse avoir envie d'apprendre des nouveautés ne serait-ce que pour le plaisir, ou de se recycler de manière continue, ou de lancer une nouvelle carrière était considéré comme une loufoquerie. À moins de vouloir passer pour un fichu original, il valait mieux s'abstenir.

LE PRINCIPE DE LA CONSTANCE

Ce dernier principe se présente sous la forme d'une promesse : « Si vous travaillez dur, vous parviendrez à une certaine constance, à une évolution graduelle de votre carrière et un plateau de sécurité qui se maintiendra pour votre vie entière ». Tel était le contrat, le pacte, et la récompense était assurée pour ceux qui resteraient dans le droit chemin.

Ce principe incite à croire qu'à un moment donné, entre 20 et 30 ans habituellement, se produit un déclic qui fait que l'on se sent et agit comme un adulte, quelqu'un qui a atteint un seuil de stabilité, de sécurité, de réalisation et de concrétisation. Ensuite, ayant atteint le stade « adulte », que l'on ait 30, 40, 50, 60 ans ou plus, les choses ne bougent plus.

Toutefois, le déclic n'est pas toujours au rendez-vous. Malgré cela, nombreux sont ceux qui font comme s'il s'était produit et s'efforcent de vivre de la manière constante et régulière que leurs aînés ont enseignée. Dans ce cas, au mitan de la vie lorsqu'on prend conscience que les satisfactions imaginées, escomptées, ne sont pas garanties, on a le sentiment d'avoir échoué, d'avoir été floué aussi, et on est en colère, contre soi et contre le système dans lequel on a cru. Pour éviter cette déception programmée et s'affranchir de ce principe, on doit accepter que la vie n'est pas une colline à gravir à pas constants, mais plutôt une suite de montagnes russes où chaque bosse est un cycle de vie qu'il faut envisager non pas comme une fin ou un échec, mais comme un nouveau début, un nouveau départ, un renouvellement.

LE CHANGEMENT CULTUREL POUR PASSER DES ANCIENS PRINCIPES AUX NOUVEAUX

Graduellement, progressivement, inexorablement et d'une manière irréversible, les anciens principes, reçus des générations précédentes pour qui ils avaient bien fonctionné, ont conduit les héritiers à des sentiments d'insécurité et de découragement. Les anciens principes étaient en cohérence avec un environnement relativement stable, en adéquation avec un développement économique prospère et une culture favorisant la continuité. Mais le monde a changé.

En eux-mêmes, à l'époque où ils avaient pris naissance, ces principes n'étaient pas mauvais, ils avaient un sens et une raison d'être. Mais lorsqu'un individu, un groupe humain, une entreprise, une organisation, une société s'obstinent à vivre selon des principes devenus aujourd'hui obsolètes, il n'en résulte que des dysfonctionnements, car plus rien ne marche comme avant. Pris entre la croyance, l'adhésion à ces anciens principes et la réalité de son environnement, on peut perdre pied, et, ne sachant plus à quoi se référer, « à quel saint se vouer », ressentir de profonds sentiments d'injustice et d'impuissance ; la vie n'a plus de sens. L'optimisme se rétrécit, la confiance s'érode, l'espoir se perd, on devient aigri et pessimiste.

Bien que vivant dans un pays riche, développé culturellement et industriellement, on est de plus en plus inquiet par rapport à l'avenir. On a perdu confiance dans ce que propose le monde régi par les anciens principes ; on ne peut plus se fier au gouvernement, ni aux puissances financières et industrielles. Depuis quelques décennies, nous sommes tous susceptibles de vivre une perte de repères, une baisse de motivation et une insatisfaction grandissante.

Mais il ne faut pas laisser faire ; il ne faut pas baisser les bras. Il est grand temps de se rendre compte que ces principes anciens sont un frein au développement individuel et collectif. La période qui s'ouvre maintenant, dans laquelle, bon gré mal gré, on doit s'engager, invite à générer de nouvelles croyances, de nouveaux principes qui rendent l'espoir, donnent de la puissance, créent des attentes positives et des motivations adaptées au contexte de changement rapide, caractéristique de cette époque. Avant tout, on a besoin de croire en soi, autant en tant qu'individu, que membre d'une communauté pleine d'avenir. En remplaçant ces anciens principes par les quatre nouveaux principes plus adaptés à cette nouvelle ère, on peut retrouver son pouvoir, reprendre confiance en soi, fixer et atteindre des buts réalistes et motivants.

Les quatre principes qui suivent forment un nouveau paradigme de compréhension du monde actuel qui offre, pour chacun, un environnement riche, créatif et stimulant.

LE NOUVEAU PARADIGME : LES QUATRE NOUVEAUX PRINCIPES

Le principe du dedans-dehors

Pour bien vivre l'époque actuelle, la priorité est de prendre appui sur son identité et de fixer des buts pour sa vie en fonction de ses valeurs fondamentales. Le mieux pour réussir à être gagnant dans sa vie, c'est de fonctionner de l'intérieur vers l'extérieur.

Les différentes identités de rôles que l'on est appelé à développer dans ses domaines de vie divers sont le reflet de l'identité intégrée, du moi profond, et des valeurs fondamentales. En apprenant à rester focalisé sur son but, à être ancré dans ses valeurs, à gérer sa vie en tenant compte, avant tout, de ce qui est important pour soi, on peut acquérir de l'ampleur et de la puissance dans chacun de ses rôles.

Chaque identité de rôle est dépositaire d'une mission. Choisissez, parmi ces missions, celles qui vous passionnent. Trouvez des ressources extérieures pour soutenir chacune de vos missions et vivez-vous pleinement responsables de leur accomplissement. Associez-vous avec des personnes qui vous encouragent. En vous engageant avec elles dans la réalisation des projets qui vous passionnent, devenez des personnes qui ont pleinement développé et intégré leurs différentes identités de rôles.

Restez fixé sur votre but, et mettez au point un plan qui vous permette de garder le cap. Apprenez à savourer le plaisir d'être seul, choisissez-vous un endroit tranquille et intime, où vous resterez simplement assis à méditer, ne serait-ce que 15 minutes par jour. Donnez-vous la permission de rêver, de laisser vagabonder votre esprit, tout en restant centrés sur votre moi intérieur. Partez une ou deux fois par an quelques jours en vacances seuls dans un endroit tranquille où vous serez en intimité avec vous-même, pour vous renouveler, vous ressourcer et vous découvrir.

Restez en contact régulier avec un ami intime qui saura simplement vous écouter, sans chercher à vous juger ou à vous conseiller, qui saura vous guider et vous accompagner vers l'avenir que vous vous souhaitez. Dans votre journal intime, écrivez tout ce qui vous passe par la tête, vos ressentis, vos pensées, vos rêves. En faisant, cela, ne serait-ce qu'une ou deux fois par semaine, vous apprendrez à entrer en contact avec vous, vous ouvrirez la porte à votre puissance intérieure, une porte qui, autrement, ne se serait peut-être jamais ouverte.

Le principe de l'auto-renouvellement

La nature offre maints exemples de cycles d'activité et de repos, générateurs d'auto-renouvellement. L'année se découpe en saisons : le printemps, l'été, l'automne, l'hiver ; la journée se divise également : le matin, l'après-midi, le soir, la nuit. La vie est rythmée par des cycles à l'exemple des saisons, elle n'est pas organisée de manière linéaire. Ce principe est la meilleure prémisse pour trouver de la puissance face à l'avenir.

Considérée comme un livre, la vie s'organise en une suite de chapitres. Chaque chapitre comporte un début et une fin, avec une phase de transition permettant de passer au chapitre suivant. Chaque chapitre représente la réalisation d'un projet important et les transitions, les phases de renouvellement. En apprenant à considérer sa vie en unités de scénario qui décrivent de manière évidente qui l'on est, son rôle principal, comment on interprète ce rôle et avec qui, on appréhende mieux les changements qu'on se propose de vivre tout au long de la vie.

Quand, trop souvent rejoué, le scénario devient inopérant, insatisfaisant, lassant, usé, on n'a plus envie de le jouer à nouveau et on prend le risque de changer. On fait alors une transition où, soit on réactualise son scénario, soit on en change. Tel est le principe de l'auto-renouvellement qui décrit comment, de manière continue, on enroule et déroule le fil de sa vie. La vie est en état de transformation perpétuelle, aucun chapitre n'est identique à l'autre. Chacun est différent et si, vous regardez votre vie de cette façon-là, vous vous sentirez à l'aise dans le changement que représente chaque nouveau chapitre, vous le vivrez comme un défi que vous devez relever, au lieu de vous sentir défaits, démotivés, par ce changement permanent.

Adhérer au principe de l'auto-renouvellement implique de développer la confiance en soi, de se vivre responsable de soi-même, et d'avoir un regard lucide et confiant par rapport aux événements externes qui échappent à son contrôle. Pour vivre pleinement selon ce principe, on doit apprendre comment être le manager, le leader, le gérant et le garant de chaque chapitre de sa vie, et comment vivre pleinement en organisant et planifiant les transitions entre chaque chapitre.

Le principe de l'auto-renouvellement concerne la croissance et la découverte de soi-même, notamment au début et à la fin de chaque cycle. Un cycle commence généralement par le lancement d'un projet, par une inclination puissante à faire que quelque chose d'important puisse prendre place dans sa vie. Le cycle prend fin quand ce projet ne fonctionne plus ou n'est plus important ou pertinent.

Un début est un moment un peu romantique dans lequel on s'engage avec passion. La fin peut être douloureuse, elle exige un renoncement, un reniement, même de certains aspects de ses rêves ; elle impose un lâcher prise par rapport aux projets entrepris et fait qu'on cesse de faire des efforts pour maintenir un système qui n'est plus valable ni valorisant, ou qui a mal tourné. Chaque fin, comme chaque début, de chapitre, sont des occasions de changement. Il importe, à ce moment-là, d'apprendre à coopérer avec le changement et de le vivre comme une occasion de grandir et d'évoluer. Apprendre à clore un chapitre de sa vie avec style et grâce, permet d'aborder de manière sereine et créative le prochain chapitre du roman de sa vie. Chaque cycle est un voyage qui ouvre des portes à son développement personnel, qui permet de s'épanouir, de devenir plus créatif et plus responsable de soi-même.

Le principe de l'apprentissage à l'âge adulte

Apprendre, apprendre à apprendre et aussi à désapprendre, est la clé qui permet de rester un individu éveillé, en relation avec son environnement social. En continuant à apprendre en permanence, on reste alerte, ouvert et disponible. Disposer toujours d'informations nouvelles permet de comprendre comment le monde change et de quelle manière intégrer ces changements.

Cependant, on ne doit pas négliger le fait que, tous les jours, on reçoit une masse d'informations démesurée par rapport à ce que l'on peut traiter. On doit apprendre à filtrer ce qui est important, à reconnaître ce qui est nécessaire, à choisir les informations à prendre et à laisser. Pour cela, il faut apprendre à traiter en priorité ce qui enrichit ses identités de rôles.

Plus qu'aucune autre activité, l'apprentissage est ce qui répartit les adultes en deux catégories : les proactifs, ceux qui font et créent l'événement, et les réactifs, ceux qui se contentent de répondre aux sollicitations du monde extérieur. Vécu pleinement, le principe de l'apprentissage permanent élargit le champ de la conscience. Avoir le sentiment d'être concerné par et impliqué dans ce qui se passe autour de soi, réactualise en permanence les connaissances.

À chaque fois que l'on intègre des connaissances nouvelles on est susceptible de créer des insights qui viennent bousculer la routine mentale habituelle et qui, en introduisant un changement positif, ont pour conséquence de grandir le champ du possible grâce à de nouvelles découvertes.

L'apprentissage permanent est l'essence même du renouvellement de soi, c'est l'élément essentiel des transformations et de l'évolution d'un être humain.

Quatre grands domaines concernent l'apprentissage à l'âge adulte : la connaissance et l'information ; les compétences humaines ; les compétences techniques ; les valeurs et le leadership.

Domaine n° 1 : la connaissance et l'information

La plupart des connaissances acquises dans sa jeunesse ne sont plus d'actualité. On doit réactualiser ses connaissances en permanence. Pour rester éveillé et efficace, on doit désapprendre ce qui n'est plus pertinent ou périmé et apprendre ensuite ce qui représente l'avant-garde des connaissances contemporaines.

Pour vous aider vous pouvez créer des programmes d'études sur mesure où chacun traite d'un domaine particulier. Vous deviendrez alors meilleurs et plus performants dans de nombreux domaines. Abandonnez l'idée d'être un spécialiste dans un domaine spécifique, devenez un généraliste de la connaissance.

Domaine n° 2 : les compétences humaines

Pour devenir un généraliste humain efficace, un savoir accompagné de connaissances et d'informations centralisées ne suffisent pas. On a besoin d'apprendre à être un meilleur communicateur, à savoir écouter, à prendre la parole, à rédiger un texte, à s'affirmer, négocier et gérer les conflits.

Prenez quelques instants pour réfléchir : quelles sont les nouvelles compétences que vous avez besoin d'acquérir ou celles que vous avez besoin de perfectionner, que ce soit pour vous développer professionnellement ou personnellement ? De quelles façons pouvez-vous acquérir et développer ces nouvelles compétences ?

Domaine n° 3 : les compétences techniques

La majorité d'entre nous a acquis une certaine expertise dans son domaine professionnel. Nous avons également conscience que, quel que soit notre métier, la technologie évolue très rapidement et que nous devons en permanence actualiser nos compétences techniques.

Ce ne sont pas les occasions d'apprendre de nouvelles compétences qui manquent, mais la détermination, la volonté de se tenir au courant, de rester à la pointe du progrès dans son domaine qui font défaut. Le manque de temps, le plus souvent évoqué comme excuse, n'est en fait que le reflet de l'absence de volonté de mettre en place la discipline nécessaire pour réussir à gérer son temps efficacement, en fonction de ses choix prioritaires.

Domaine n° 4 : les valeurs et le leadership

Notre société a besoin de leaders, de coachs pour conduire et faire évoluer la culture et passer d'une époque à une autre. Ce rôle revient naturellement aux adultes car, plus on prend de l'âge, plus on devrait augmenter son engagement dans des rôles qui aident la société à évoluer. Le rôle des personnes âgées n'est pas de constamment évoquer leur expérience pour tenter de ramener la société vers des valeurs du passé, mais d'être des militants actifs engagés dans les associations communautaires favorisant l'évolution des valeurs. Il leur revient d'être des mentors, des coachs pour les générations qui suivent. Parfaitement intégrés dans « l'air du temps », ils servent de « propulseurs », de « boosters », qui ont accepté et intégré cette époque comme celle du changement perpétuel.

Le principe du changement perpétuel

Se fixer un but, une destination, est certes important, mais l'action, la manière dont on conduit son voyage compte encore plus que la destination elle-même. Pourquoi ? Parce que toute destination est provisoire, tous les lieux, tous les buts auxquels on parvient ne sont que des points de passage, toutes les fins sont éphémères, seule la vie est définitive.

Il n'y a aucun lieu, où que l'on soit, aucune phase de stabilité, où l'on puisse se maintenir de manière permanente. La vie n'est pas un long fleuve tranquille, mais une rivière agitée en transformation perpétuelle.

Les personnes qui savent que la vie est une suite de cycles sans cesse renouvelés savent qu'il n'y a pas de point d'arrivée, ni de fin durable. Il n'y a pas d'amarres qui perdurent, seulement l'art de dérouler et ré-enrouler les fils de sa vie. Il n'existe pas de port d'attache où vivre un bonheur cristallisé et définitif.

Ceux qui ont intégré cela savent que la vie est à présent processus, et non progrès, dans la stabilité. En prenant de l'âge, ils ont compris que l'existence est loin d'être un éternel recommencement, au contraire. Plus ils vieillissent, plus ils se renouvellent ; il n'y a jamais deux expériences identiques, deux événements semblables, il y a mille manières de considérer une expérience donnée.

En lisant ce livre, vous êtes en train de vous fixer un but, de construire votre itinéraire, de tracer votre chemin, pour être le meilleur guide possible de votre vie. Vous anticipez les lendemains, vous remportez des victoires sur vous-même en évaluant vos progrès, vous devenez souple et flexible en sachant changer de chemin si nécessaire, vous faites l'expérience du gain et de la perte. Vous assumez la responsabilité de vous-même et de votre destin.

Dans ce monde de changement sans fin, le principal but est d'apprendre à se renouveler encore et encore, de savoir s'amarrer le temps d'une pause, de savourer une phase plateau et de reprendre le large vers une nouvelle destination, un nouveau but, un nouveau challenge. Si vous faites cela, vous vivrez le changement comme un ami qui vous donne chaque jour l'occasion de grandir, d'évoluer, de découvrir et d'apprendre.

Ces quatre nouveaux principes sont des guides sur lesquels vous pouvez compter pour vous donner de la puissance, de la vigueur, le goût du défi, et du dépassement de vous-même. Prenez le temps de les relire, de les intérioriser, de les interroger ; réécrivez-les avec vos propres mots et voyez comment vous les appliquez dans les différents domaines de votre vie. Cette dernière carte est là pour vous aider à devenir la personne que vous désirez être, à organiser le prochain chapitre de votre parcours et à construire votre projet de vie. Les exercices suivants vous accompagneront dans cette démarche.

PARCE QUE LES PRINCIPES SONT PÉRISSABLES…

Même les principes de vie sont périssables ; ils ont une date limite. Même, si comme la plupart d'entre nous, vous avez du mal à abandonner les vieilles habitudes, à jeter les restes, à vous séparer de ce qui ne sert plus à rien au cas où ça pourrait servir un jour car, on ne sait jamais, n'est-ce pas ?

Une des raisons pour laquelle on a tous du mal à se défaire de diverses choses qui ne marchent plus dans sa vie (de mauvaises habitudes, des relations amoureuses sans avenir, des jobs sans perspective de promotion…), c'est tout simplement parce que l'impression demeure de n'en avoir pas encore fait le tour ; on croit qu'il y a encore un quelconque avantage à y découvrir et que ça pourrait changer. Stop ! Assez ! Ça suffit ! *Ça* ne changera pas. Mais *vous* pouvez changer.

Et voici quelques moyens simples qui vous aideront à le faire.

Exercice 23 – Au-delà de cette limite, ce principe ne sera plus valable

Faites le tour maintenant des anciens et des nouveaux principes afin d'apprécier ce à quoi ils vous ont servi à un moment donné de votre vie. Ensuite, décidez du statut de ces principes : « principe périmé », principe à abandonner ou « principe d'actualité », principe à garder. C'est à vous de faire le tri, et à vous décider de la manière la plus adéquate d'exprimer les principes d'actualité aussi.

Listez deux exemples au minimum de chacun des principes, anciens et nouveaux, tels qu'ils opèrent dans chaque domaine de vie :

- personnel,
- couple,
- familial,
- professionnel,
- social.

Ces exemples illustrent la façon dont vous démontrez votre adhésion aux principes de vie. Vous aurez ainsi quatre exemples de principes à l'œuvre pour chaque domaine de vie. Pour faciliter le tri dans les principes, prenez note de la manière dont certains anciens principes vous ont aidé à d'autres moments et dans certains contextes de votre vie (si tel est le cas) et de quelle manière, en y adhérant encore, ils vous entravent aujourd'hui. Notez la manière dont vous mettez en œuvre les nouveaux principes en remarquant aussi comment ils vous aident à vivre, même si vous avez affaire à des personnes qui continuent à mener leur vie selon les anciens principes. Vous pouvez bien vous le permettre.

DES PERMISSIONS POUR UNE NOUVELLE VIE

Les permissions représentent des autorisations que l'on s'accorde. Les permissions encouragent la croissance, l'épanouissement et l'autonomie. Elles renvoient aux possibilités de ressentir, de penser et d'agir différemment par rapport à ce qui a été habituel jusque-là.

Une bonne façon de revisiter et réviser ses principes de vie consiste à se donner la permission de les revoir et de les transformer. Tout comme il est nécessaire de reconnaître les principes anciens et nouveaux qui influencent ses décisions, il faut savoir discerner les permissions.

Les permissions appartiennent à trois grandes catégories :

- des permissions à propos de soi-même ;
- des permissions à propos des autres ;
- des permissions à propos du monde environnant.

Dans tous les cas, toute permission traite des aspects de la relation entretenue avec soi-même, avec les autres ou avec le monde dans lequel on vit.

Dans la construction de sa vie adulte et l'élaboration d'un projet de vie, le geste de s'accorder des permissions est essentiel, car entreprendre l'écriture d'un nouveau chapitre de vie signifie désirer vivre autrement qu'auparavant.

Se donner des permissions, c'est s'offrir une opportunité de changer d'avis par rapport à ce que l'on se raconte habituellement, ce qui permet de changer sa manière de faire et d'être avec soi-même, avec les autres et dans le monde.

Toutefois, l'acte de se donner des permissions requiert quelques principes de fonctionnement qui sont à respecter pour que les permissions que l'on s'accorde soient reçues.

- Une permission, comme son nom l'indique, est un permis ; il n'est en aucun cas une obligation. Se donner une permission, c'est déjà s'affirmer sincèrement et fermement que le nouveau choix, la nouvelle option que l'on a en vue est possible et appropriée à sa vie.
- Une permission se donne depuis un état d'acceptation inconditionnelle et de congruence. Lorsqu'on se donne

une permission, c'est avec authenticité et rigueur, parce qu'on croit vraiment qu'elle est juste pour soi.

- Une permission se donne pour soutenir l'acceptation inconditionnelle de soi, tout en reconnaissant que son comportement, sa pensée ou son émotion sont recevables, valables et normaux.
- Une permission se donne en accord avec les ressources que l'on se reconnaît. En se donnant des permissions, on reconnaît aussi un principe important dans l'accompagnement à l'évolution personnelle : on possède toutes les ressources dont on a besoin, soit dans son histoire personnelle, soit dans son environnement. Votre tâche consistera à remarquer ces ressources où qu'elles soient, pour les mettre au service de toute étape de votre projet de vie.
- Une permission commence souvent par « C'est OK de… » et ne comporte aucun jugement de valeur. Vous trouverez vous-même une ou plusieurs formules pour vous donner les permissions dont vous avez besoin, et, c'est OK de mettre différentes formulations à l'essai de façon à trouver la ou lesquelles vous conviendront le mieux.

Nous avons écrit ce livre pour vous encourager à vous autoriser, à vous permettre de pratiquer les 9 bonnes façons de construire votre vie adulte. Celles-ci visent à vous faciliter la vie au fil des années. Des points de repère précis soulignent comment :

- vivre votre âge à tous les âges de la vie ;
- faire de tout ce qui vous arrive et du changement vos alliés ;
- conjuguer la « Formule Magique » ! au passé, au présent, à l'avenir ;
- réévaluer, réactualiser vos valeurs ;
- avoir conscience de vous et de votre environnement ;

- harmoniser vos investissements énergétiques et émotionnels ;
- apprendre à apprendre et à désapprendre ;
- revivifier vos principes de vie ;
- être visionnaire de vous-même pour rêver votre projet et projeter vos rêves dans votre vie.

Les 9 bonnes façons présentées dans cet ouvrage, vous offrent la même question : de quelles permissions avez-vous besoin pour vous servir des points de repères proposés et construire votre vie adulte ?

Vous pouvez saisir cette occasion pour passer en revue les réponses fournies au cours de votre lecture. Vous savez maintenant que pour vous donner des permissions vous devez vous installer dans l'ambiance interne de congruence et d'acceptation inconditionnelle, vous parler d'une manière sincère, authentique et ferme, et vous rappeler que les permissions sont l'équivalent d'un permis de conduire, c'est-à-dire, la reconnaissance que vous avez le droit de conduire une automobile, sans être obligé de le faire. C'est à vous de choisir aussi bien les permissions à vous accorder que la manière dont vous les vivrez.

Exercice 24 – Affirmez les nouveaux principes qui vous guident

Maintenant que vous avez noté les permissions qui vous aideront à construire votre vie adulte, réaliser vos projets et vous faciliter la vie, vous pourrez aller un pas plus loin pour les exprimer dans votre vie quotidienne.

Vous avez probablement déjà remarqué comment le fait de créer des supports, ou des rappels de vos objectifs et buts, vous sert dans leur réalisation. Créer des mantras, des slogans, des jingles, des affirmations, etc. vous aidera à mettre en place les permissions favorisant les nouveaux principes de vie selon lesquels vous désirez vivre.

Cette démarche suppose que vous ayez perçu comment s'expriment les anciens principes au travers des injonctions négatives, messages contraignants et autres moyens de sabotage. Peut-être avez-vous déprécié votre âge en vous affirmant : « Ce n'est pas de ton âge de... » lorsque vous vous êtes mis à réfléchir au nouveau projet que vous désiriez entreprendre. Une affirmation possible, servant d'antidote, serait : « J'ai 59 ans. C'est OK d'avoir mon âge et de... ». Il est possible que, en remarquant que vous avez du mal à perdre les quelques kilos en trop que vous avez pris depuis quelque temps, vous disiez : « Tu n'arriveras jamais à retrouver ta ligne ! ». Une option, pour contrecarrer le sort jeté par ce genre de discours, serait : « Je suis comme je suis et je peux changer. »

Bien entendu, vous pourrez mettre au jour des permissions qui ne représentent pas le pendant d'une injonction, d'un message contraignant. Néanmoins, restez à votre écoute et si vous vous entendez dire : « Dépêche-toi ! » alors qu'il n'est nullement nécessaire de vous presser, dites plutôt : « Je peux prendre le temps dont j'ai besoin. » Ou si vous vous harcelez parce que ce que vous faites n'est jamais assez bien, rappelez-vous : « Je n'ai pas besoin d'être parfait. J'ai simplement besoin d'être moi. »

Laissez libre cours à votre imaginaire, découvrez encore d'autres moyens de soutenir les permissions que vous vous accorderez, en plus de ceux proposés ici. Nous savons toutefois d'expérience que la répétition fait partie des processus d'apprentissage. Expérimentez, trouvez d'autres moyens qui utilisent ce phénomène d'acquisition de savoir-faire pour continuer à cheminer.

Faites des affiches des permissions que vous vous donnez aussi de façon à ce que vous les retrouviez sous vos yeux de manière récurrente. Scotchez-les sur le frigo, insérez-les dans votre agenda ou votre portefeuille, faites-les figurer parmi les « aide-mémoire » de votre ordinateur, partout où vous êtes susceptibles de les rencontrer.

Transformez vos permissions en mantras à répéter pour vous détendre, vous dé-stresser, vous ressourcer. Érigez vos permissions en affirmations, telles que le prescrit la méthode Coué pour vous les rappeler à des intervalles réguliers. Et, puisque la particularité d'une affirmation est de la clamer, revendiquez vos permissions à haute voix pour offrir un nouveau contenu à votre dialogue interne.

Avez-vous un morceau de musique préféré que vous écoutez assez souvent, un poème ou une prière que vous récitez pour vous aider à garder la forme ou à vous y remettre ? Inspirez-vous-en pour appuyer les permissions que vous vous accordez.

Ces exemples et idées sont là pour vous aider à trouver ce qui vous conviendra le mieux et à créer vos propres supports à vos permissions. À vous de jouer maintenant.

9

RÊVEZ

Bonne façon n° 9 : soyez visionnaire ; rêvez votre projet et projetez vos rêves dans votre vie

TOUT COMMENCE PAR UN RÊVE, une idée parfois qualifiée de « folle » par votre entourage, mais qui vous plaît, vous enchante même, plus que tout. Vous avez envie de réaliser ce rêve ; il vous fournit de l'énergie en reflétant votre vision de ce qui est possible, et surtout désirable dans un avenir plus ou moins proche. Néanmoins, pour qu'un tel rêve se transforme en réalité, pour qu'il ne reste pas au stade de « vœu pieux », il lui faut des points d'attache ; il a besoin d'être rattaché, relié, relayé par une vision permettant de le projeter dans le réel de votre quotidienneté au travers de votre projet de vie

La notion de « projet » fait penser aux buts visés et aux objectifs à atteindre, tellement ce terme est passé dans le langage courant. Mais, bien qu'il s'étaye sur des objectifs opérationnels permettant de réaliser des buts, un projet de vie ne saurait se réduire à une série d'objectifs à atteindre ; un projet de vie intègre une vision de ce que l'on veut vivre dans un avenir assez proche et pour un temps plus ou moins long. La dynamique essentielle de sa construction correspond à certains critères exposés ici. En les respectant, vous remarquerez comment cette organisation vous offre des moyens de mettre les touches finales au projet que vous visez pour construire votre vie adulte.

VOTRE PROJET DE VIE

Grâce aux cartes et aux points de repères dont vous vous êtes servis pour trouver votre route sur le territoire de l'âge adulte, et aux exercices que vous avez effectués pour tracer votre chemin, vous êtes maintenant sur un nouveau départ avec un projet représentatif de son sigle :

P = *Proactif* – vous l'avez été tout au long de votre lecture grâce à votre interaction avec les cartes et les autres repères présentés dans cet ouvrage ; vous le restez pour élaborer, lancer, réaliser apprécier et évaluer votre projet de vie,

R = *Respectueux* – vous avez mis à jour les valeurs qui vous guident à ce moment de votre vie ; elles sont reflétées dans la construction de votre projet et de votre vie,

O = *Objectifs* – au fil des pages vous avez fixé des objectifs SUPER[a] en rapport avec votre projet de vie ; sans doute en avez-vous déjà réalisé certains, avant même d'avoir terminé ce livre,

J = *Juste* – vous avez validé l'intérêt et l'importance d'avoir un projet juste pour vous. Vous avez développé un égoïsme sain et salutaire. Vous avez appris aussi comment ajuster votre projet à la vie que vous voulez mener pendant le prochain chapitre,

E = *Équilibré* – grâce aux savoir-faire que vous avez acquis, votre projet est équilibré, ce qui fait que votre vie l'est aussi tout naturellement,

T = *Transitionnel* – vous reconnaissez la nature transitionnelle de votre projet de vie, c'est-à-dire comment il représente une étape dans votre vie, un moment transitoire, impermanent,

de

V = *Valable* – au fur et à mesure que la construction de votre projet avance, vous avez saisi de nombreuses occasions pour le valider et le valoriser,

I = *Impliquant* – votre projet implique l'ensemble de vos identités de rôles, engage tous les aspects de votre être et vous implique en tant que créateur de vous-même, de votre expérience et de votre vie,

E = *Essentiel* – votre projet est le reflet de ce qui est essentiel pour vous dans le prochain chapitre de votre vie.

a. Voir page 196.

RÊVEZ VOTRE PROJET ET PROJETEZ VOS RÊVES DANS VOTRE VIE

Rêver et projeter vos rêves dans votre vie, voilà une étape incontournable, un élément essentiel dans la démarche d'être visionnaire de vous-même et de construire le prochain chapitre de votre vie.

Le mot « projet » est en soi tout un projet. Il rappelle comment il est nécessaire de se jeter en avant, de se lancer dans l'avenir, pour mettre en route tout nouveau chapitre de sa vie. Il souligne aussi que c'est le projet de vie qui permet de donner du sens à ses actes. Effectivement, si on ne sait pas pourquoi on réalise telle ou telle action, si on ignore pourquoi on agit de telle ou telle manière, l'acte réalisé n'a en soi, à proprement parler, aucun sens. On a besoin de savoir pourquoi on fait ce qu'on fait, au service de quel idéal on agit à court et à plus long terme, pour que la vie puisse avoir un sens.

Concevoir un projet de vie, c'est accepter le changement comme inéluctable et concevoir, voire prévoir le vieillissement, le passage d'une décade à une autre, c'est prévoir l'existence des aléas, des incidents, des imprévus, sans les connaître par avance pour autant. C'est se libérer de ses obstacles internes et anticiper les obstacles externes, ainsi que les changements qui se produisent à l'intérieur de soi-même et dans son environnement. Concevoir un projet de vie suppose aussi de mettre en place des processus d'auto-correction, des mécanismes de feed-back et de rectification, permettant de maintenir la détermination et la motivation pour réaliser les changements souhaités.

PRÉPARER L'ENTRÉE DANS UN NOUVEAU CHAPITRE DE VIE EN TROIS ÉTAPES

Trois étapes successives permettent de préparer son entrée dans un nouveau chapitre de vie. La première est d'identifier son but ; la deuxième, se créer un rêve, une vision de l'avenir ; la troisième, mettre sur pied un plan concret pour réaliser son rêve. Telles se déclinent les phases menant à la création de son projet de vie représentées ci-dessous sous forme de questions.

Quel est le but de ma vie

Pour mettre en relief le but de sa vie à cet instant de son existence, une réponse à cette question s'impose. Toutefois, pour la fournir, on doit entrer profondément en contact avec soi et faire face aux interrogations suivantes : « Pourquoi suis-je ici ? » « Pourquoi est-ce que je fais ce que je suis en train de faire à ce moment de ma vie ? » « Au service de quel idéal, de quelle finalité vis-je au quotidien ? » Personne ne peut mener une vie pleine et enrichissante, sans être en contact avec sa finalité, sa mission, car c'est cet engagement profond qui donne un sens à la vie.

Mais, dans la mesure où le but de la vie et la mission sont indissociables des valeurs fondamentales qui évoluent au fil du temps, on ne garde pas le même but, la même mission, toute sa vie. En réalisant l'exercice 11, par exemple, au chapitre 5 : « Mon but dans la vie, c'est... », vous avez mis en exergue le but que vous poursuivez à ce moment de votre vie. Sans doute avez-vous remarqué qu'il a changé de forme et de fond avec les années qui passent.

Afin d'apprécier l'articulation entre les trois étapes pour préparer l'entrée dans un nouveau chapitre de vie, vous pouvez reprendre ce que vous avez noté en faisant cet exercice pour relier ces informations avec celles obtenues dans ce chapitre sur votre rêve et votre plan.

Il est important de distinguer ses objectifs et son but, sa mission. Un objectif est précis et mesurable ; le but, la mission, la finalité de sa vie est, en quelque sorte, la somme de ses désirs, la synthèse de ce que l'on veut voir se réaliser pour soi-même et le monde autour. Une mission donne du sens à la vie en prenant ses racines dans ses convictions personnelles les plus profondes. C'est elle qui fait que l'on engage les actes les plus quotidiens, qui explique ses engagements politiques, religieux, syndicaux ou au sein de mouvements associatifs. La vie ne peut trouver de sens qu'au travers de sa mission ; elle vise ce que Abraham Maslow, chef de file de la psychologie humaniste, nomme « la réalisation de soi ».

Quel est mon rêve ?

Pour aborder cette étape, un retour sur la carte du cycle de changement, présentée au deuxième chapitre de cet ouvrage, est nécessaire car une question préalable se pose : « Dans quel cadran du cycle de changement est-ce que je me situe ? »

En effet, êtes-vous en train de lancer un nouveau chapitre de votre vie en vous proposant un nouveau démarrage ? Vous trouvez-vous en phase plateau, sujet aux exigences de maintenir et d'innover en même temps ? Ou, êtes-vous dans la phase marasme qui vous prépare à lâcher prise ? Gérez-vous des hauts et des bas liés à la transition du type 1 ? Est-ce que c'est la phase cocooning qui se fait ressentir pour vous faire réfléchir sur la restructuration de vos valeurs ? Ou s'agit-il d'explorer le monde à nouveau, pour décider de ce que vous allez faire pour mettre en route le prochain chapitre de votre vie ?

Un nouveau chapitre de vie démarre toujours par un rêve. C'est le rêve qui arrive en premier ; le plan permettant de le réaliser suivra tout logiquement. Et le rêve est une étape essentielle car, sans rêve, pas de projet de vie. Toutefois, un rêve n'est pas une suite de vœux pieux ou une kyrielle de bonnes résolutions ; il est le fruit d'un désir viscéral, d'une envie irrépressible ; le rêve est fait d'une vision, de la représentation que l'on a de soi dans le futur.

Si l'idée de posséder une belle maison ou une voiture de luxe, d'épouser une star ou un mannequin, de gagner au Loto, etc. nourrit vos fantasmes, ces éventualités ne renvoient pas pour autant au rêve.

Rêver, c'est avoir une vision de sa vie future, c'est imaginer comment on va vivre pleinement ; c'est donner la priorité au qualitatif et non au quantitatif. Une vision est une promesse faite à soi-même par rapport à la qualité de sa vie future, c'est une représentation de l'avenir qui est aussi convaincante qu'engageante. Et la projection de cette image du futur donne envie, suffisamment pour que l'on engage toute son énergie dans sa réalisation. On se sent motivé, riche d'une promesse faite à soi-même qui sert de principe organisateur et de facteur de mobilisation jusque dans ses actes les plus ordinaires, les plus quotidiens. On est persuadé que ce que l'on a projeté va se réaliser ; n'est-on pas déjà en train de le faire, rien que d'y penser ? Une vision réelle, véritable, est attractive et tire vers sa réalisation ; on avance vers elle mû par une force intérieure et avec la conviction profonde que le projet qui en découle se fera. Un rêve possède une force mobilisatrice ; il motive, certes, mais ne commande pas ; il faut accepter d'écouter l'appel du rêve, et d'y répondre pour devenir visionnaire pour soi.

Quel est mon plan ?

Pour qu'un rêve devienne une réalité, il faut passer à l'action, il faut agir. Et avant d'agir, le choix de la stratégie à mettre en œuvre s'impose car il est nécessaire de décider des étapes successives à parcourir afin que les actes s'organisent et se coordonnent. Une réflexion devient incontournable, une nouvelle question se pose : « Quel est mon plan ? Quelle est ma stratégie pour réaliser mon rêve ? »

Au fil des pages de cet ouvrage, vous avez intégré et appliqué les points de repère dont vous avez besoin pour construire votre vie adulte et organiser votre projet de vie. Vous avez apprécié l'importance de vivre tous les âges de la vie, appris à faire de tout ce qui vous arrive et du changement vos alliés, conjugué la « Formule Magique » au passé, au présent, à l'avenir, pris contact avec vos valeurs profondes pour les réévaluer et les réactualiser afin d'entretenir l'essentiel. Vous avez acquis la conscience de vous et de votre environnement, harmonisé vos investissements énergétiques et émotionnels en équilibrant vos domaines de vie, compris que la tâche principale des adultes aujourd'hui est d'apprendre et de désapprendre toute la vie, obtenu des moyens pour revivifier régulièrement vos principes de vie. Maintenant, dans la mesure où vous avez défini votre but dans la vie et créé en rêve la représentation de votre vie future, le moment est venu d'élaborer votre plan, la stratégie qui vous permettra de réaliser votre rêve.

Planifier implique de suivre une méthode, d'établir une stratégie, de définir des étapes qui permettent de concrétiser sa vision, de projeter ses rêves dans sa vie.

Le rêve représente une vision, une construction imagée de sa vie telle que l'on veut la vivre dans l'avenir. Fruit de notre imaginaire, il sert de source d'énergie et de motivation inépuisable. Le plan, en revanche, la planification, qui découle d'une vérification et d'une confrontation avec la réalité, repose sur quelque chose de réaliste, factuel, logique, concret, spécifique et précis, quelque chose qui s'inscrit dans la « vraie vie ».

Le plan se décline en objectifs opérationnels respectant les critères d'un objectif SUPER défini par Jane Turner dans *La Ligne du Temps*[1] et repris dans *Le nouveau Dico PNL*[2].

---

1. Turner, J, *La Ligne du Temps : un outil pour dresser son bilan personnel et réorganiser sa vie*, InterÉditions, 2003, deuxième édition, 2007.

2. Turner, J. et Hévin, B., *Le nouveau Dico PNL : comprendre les mots et les concepts de la PNL*, InterÉditions, 2006.

Un tel objectif est :

- **S**pécifique et contextualisé,
- **U**niquement pour soi,
- **P**ositif,
- **E**ngageant et écologique,
- **R**éaliste, réalisable et représenté par des résultats reconnaissables par autrui.

Un objectif SUPER est formulé de telle façon qu'il donne envie de l'atteindre, offre les moyens pour le réaliser et fournit des indicateurs pour mesurer les résultats atteints. Il facilite la planification, une phase qui se trouve assez souvent escamotée, car son importance est fréquemment sous-estimée.

Certes, planifier est moins excitant que rêver. C'est aussi la dernière étape de la construction d'un projet de vie, projet que l'on veut assez souvent démarrer dès que le rêve commence à peine à se former dans son esprit sans prendre le temps de le confronter à la réalité, au réel de sa vie au cas où il ne serait pas possible en état. Et n'est-ce pas justement pour cette raison-là que l'on va réfléchir et soumettre son désir à l'épreuve des critères d'un objectif SUPER ?

Oui, c'est bien pour vérifier l'envie qu'on a de réaliser le projet et l'engagement nécessaire pour le mener jusqu'au bout. C'est également une occasion de confronter ses capacités et possibilités personnelles aux opportunités et contraintes de l'environnement. C'est le bon moment de valider la motivation que l'on a pour réaliser ce projet ainsi que l'atteinte des objectifs intermédiaires, opérationnels nourrissant sa réalisation, sans oublier son mérite personnel, pour construire la vie à laquelle on se destine.

Lorsqu'on planifie, on établit une procédure, on crée un planning et un timing, qui n'admet que peu de fantaisie, même si la planification stratégique requiert de la créativité. Un plan est une série d'objectifs opérationnels qui, mis bout à bout, font que le rêve se réalise. À titre d'exemple, imaginons que vous représentiez le rêve de votre vie future de la manière suivante : « Dans trois ans, je veux exercer la profession de coach dans une ville de province. Je ne veux pas travailler plus de 35 heures par semaine et compte consacrer le reste de mon temps à mon couple, à ma famille, à ma vie sociale et à moi-même. Je veux faire des choses créatives, qui m'amusent et qui me permettent de me réaliser pleinement. »

Pour transformer ce rêve en projet, il faut le confronter à la réalité de votre situation actuelle, ce qui vous permet d'établir les étapes par lesquelles vous devez passer.

Chacune de ces étapes représentant un objectif à atteindre, il sera bénéfique pour le produit final de les confronter à leur tour aux critères d'un objectif SUPER. Parmi les objectifs opérationnels possibles dans cet exemple : vous former à ce nouveau métier, trouver la ville où vous voulez vivre, vendre votre appartement actuel, acheter une maison là-bas, négocier avec les autres membres de la famille leur adhésion au projet et à la manière d'organiser votre nouvelle vie, etc.

Les différents éléments d'un plan sont des repères sur lesquels prendre appui. C'est un peu comme lorsqu'on veut traverser un cours d'eau à gué, il faut déterminer d'abord où, et sur quoi, on va mettre les pieds.

Et, tout comme un cours d'eau, un plan est quelque chose de vivant, d'évolutif. Ce n'est pas un document administratif rigide et immuable ; une remise en question permanente du plan est nécessaire pour tenir compte des obstacles externes, trouver des moyens de les contourner, mettre au jour de nouvelles ressources et compétences susceptibles d'accélérer la réalisation du rêve.

Au fur et à mesure que le plan s'accomplit, on doit intégrer de nouvelles ressources et de nouvelles options pour faciliter la concrétisation de chacun des objectifs opérationnels qui en font partie. Malgré tous les enrichissements, aménagements et intégrations nécessaires à la réalisation du plan, son ossature se maintient. Pour cette raison, il est essentiel que sa structure générale soit définitive et étayée d'une série d'étapes prévisibles et prévues, et que l'ensemble de sa mise en route soit soutenu par une bonne gestion du temps.

EXERCEZ-VOUS À RÊVER, PLANIFIER, PROJETER ET CONSTRUIRE VOTRE VIE

Vous voici prêts à entamer les derniers exercices de cet ouvrage. Ils traitent des deux dernières étapes pour préparer l'entrée dans un nouveau chapitre de vie en vous encourageant à prendre conscience de votre rêve, le transformer en plan et réaliser votre projet de vie.

Afin d'appréhender la synergie entre l'identification de votre but, la création de votre rêve et l'organisation de votre plan pour le nouveau chapitre de votre vie, vous pouvez reprendre vos réponses à l'exercice 11, au chapitre 5 : « Mon but dans la vie, c'est… » pour les mettre en relation avec les informations obtenues dans les exercices suivants. Vous aurez ainsi une nouvelle compréhension de la coordination entre ces trois étapes.

Exercice 25 – Rêvez votre rêve

Choisissez parmi tous les lieux que vous aimez, un endroit de préférence situé dans la nature, où vous pourrez être seul avec vous-même, sans être soumis à la moindre contrainte. Si vous pouvez vous y rendre physiquement, c'est l'idéal, mais si cela est trop compliqué, vous pourrez simplement vous imaginer dans ce lieu.

En vous installant confortablement dans ce lieu que vous aimez, détendez-vous pour laisser échapper tout le stress, toutes les pressions que vous avez dans votre esprit et dans votre corps. Prenez-le temps de vous détendre complètement, sans alcool, café ou tabac. Abandonnez simplement toutes vos tensions internes et physiques. Maintenant que vous êtes calme et détendu, laissez votre esprit inconscient, la partie intuitive de votre esprit, prendre la direction des opérations. Permettez qu'il vous offre une représentation de ce que vous désirez au plus profond de vous-même pour le prochain chapitre de votre vie afin de percevoir ce que vous voulez vraiment, ce dont vous rêvez. Laissez-vous imaginer, dans les grandes lignes, la vie riche et pleine que vous avez envie de vivre.

Puis, imaginez-vous à un moment précis de votre vie future, précisément, un jour dans votre vie future, un jour ordinaire, habituel, usuel, représentatif de votre vie. Voyez-vous en train de vivre la vie que vous avez envie de vivre comme si cela se passait maintenant. Représentez-vous le lieu où vous habitez, les personnes qui vivent avec et auprès de vous. Remarquez quel travail vous faites et votre manière de travailler. Créez une vision de votre vie de couple, de votre vie de famille, de votre vie sociale. Représentez-vous le temps que vous prenez pour vous-même. Voyez-vous en train de vivre un jour typique de votre nouvelle vie, pour élargir cette vision et découvrir votre organisation sur une semaine, un mois... toujours en expérimentant votre vie telle que vous voulez qu'elle soit. Permettez à ces images de se transformer, d'évoluer de façon à ce que vous ayez une vision de votre avenir tel que vous avez envie de le vivre. Laissez-vous changer ce qui est à changer ; faites les réajustements nécessaires pour que votre rêve soit réellement le vôtre tel que vous l'envisagez.

Regardez de nouveau ce rêve, cette vision de vous dans un futur relativement proche. Laissez défiler ce rêve de votre vie future comme un film encore et encore, jusqu'à ce que la même vision se répète et que vous puissiez vous dire : « C'est bien ça, c'est cette vie-là que je veux ».

À ce moment-là, prenez un papier pour écrire à la première personne, à la manière d'un journal intime, ces journées de votre vie future. Écrivez la date, le mois, l'année ; écrivez ce que vous vivez vraiment à ce moment-là. Laissez-vous aller dans le détail, prenez tout le temps dont vous avez besoin. Ce que vous écrivez là c'est le scénario de votre vie future, le scénario que vous allez réaliser.

Et parce que vous aurez peut-être envie de vous offrir d'autres supports complémentaires pour savourer votre projet réalisé, vous pourrez également ajouter à votre écrit un dessin, un collage, une sculpture, une peinture, une composition musicale, une chanson, une danse, un poème, un geste, un mouvement... Ce qui vous rappelle ce que vous avez toujours su : Votre vie est une œuvre d'art dont vous êtes le créateur et le maître d'œuvre.

Exercice 26 – Projetez votre projet

En expérimentant l'articulation des « Bonnes façons pour construire sa vie adulte », vous pourrez constater comment chacun des repères présentés dans cet ouvrage contribue à faciliter l'élaboration et la concrétisation de votre projet de vie.

À cette fin, nous vous proposons de vous servir des composantes de la carte des aires de conscience exposée au chapitre 5. En prenant ces composantes une à une, vous remarquerez comment elles contribuent toutes à enrichir et à affiner votre projet. Pour faciliter cette démarche et réaliser cet exercice, prenez pleinement acte de votre projet. Entrez en contact avec ce que vous voulez vivre pendant le prochain chapitre de votre vie avant de répondre aux questions suivantes.

Identités de Rôles

« Qui suis-je face à moi-même ? » Et, pour entrer dans le prochain chapitre de votre vie, vous aurez à vous demander non seulement : « Quel est le rôle que je me donne à jouer ? » mais : « Comment je m'appelle ? »

Identité Intégrée

« Quelle en est la métaphore ? Le symbole ? Ce qui se passe de mots ? »

Croyances

Posez-vous la question : « Pourquoi je fais ce que je fais ? En quoi est-ce que je crois ? À quoi est-ce que j'accorde la foi ? Selon quels principes je vis la vie que je vis ?

Valeurs

« Pour quoi je fais ce que je fais ? Au service de quel idéal ai-je pris les engagements que j'ai pris pour le prochain chapitre de ma vie, y compris vis-à-vis de moi-même ? »

Attitudes

« Comment suis-je face à moi ? Face aux autres ? Quelle est l'ambiance dans laquelle j'accueille le monde, les autres ? Quelle est l'ambiance dans laquelle je m'accueille et je me recueille, au quotidien ? »

Capacités

« De quelles capacités est-ce que je fais preuve ? Quels sont mes savoir-faire ? »

Comportements

« Qu'est-ce que je fais ? Quels sont les comportements observables que je donne à percevoir ? »

Environnement

« Où et quand est-ce que je réalise mon projet de vie ? »

Exercice 27 – Votre projet vu des yeux de ceux qui vous aiment

Naturellement, vous n'êtes pas seul au monde, vous ne vivez pas en autarcie, vous ne vivez ni en ermite ni en ascète, coupé du monde, de manière isolée. Vous êtes en contact avec les autres, et, vous le savez déjà d'expérience, savoir comment vous êtes perçu par les autres (vos proches, vos collègues, vos amis…) peut vous aider à mieux vous connaître et à mieux vous apprécier. Il est enrichissant, alors, de reprendre les questions précédentes pour y répondre depuis le point de vue d'une autre personne, quelqu'un qui vous est cher, qui vous aime, qui compte pour vous et dont vous appréciez et respectez l'avis. Vous pouvez choisir d'interviewer plusieurs personnes, sans aucune difficulté, puisqu'il n'est nullement nécessaire de demander réellement à votre interviewé de répondre en direct, sauf si vous le souhaitez. Laissez-vous plutôt imaginer ses réponses, et permettez-vous d'être surpris, étonné par leur pertinence.

Pour faciliter la tâche à votre interviewé, ou pour vous aider à répondre à sa place, rappelez-lui, rappelez-vous que toutes ces interrogations renvoient à la personne que vous êtes en train de devenir, celle qui va réaliser son projet dans le prochain chapitre de votre vie.

Voilà ce que vous demanderez :

Identités de rôles

« Comment est-ce que vous m'identifiez ? Qui suis-je face à vous ? Et, pour le prochain chapitre de ma vie quel nom me donnez-vous ? Comment m'appelez-vous ? »

Identité intégrée

« Quelle métaphore me représente à vos yeux ? Comment me symbolisez-vous ? »

Croyances

« Pour vous, pourquoi est-ce que je fais ce que je fais ? En quoi est-ce que je crois ? À quoi est-ce que j'accorde la foi ? D'après vous, selon quels principes de vie je vis la vie que je vis ? »

Valeurs

« D'après vous, lorsque je vous évoque mon projet, pour quoi je fais ce que je fais ? Au service de quel idéal j'ai pris les engagements que j'ai pris, y compris vis-à-vis de moi-même ? »

Attitudes

« Dans quel état d'esprit, me trouvez-vous face à moi-même ? Face aux autres ? Pour vous, quelle est l'ambiance dans laquelle j'accueille le monde, les autres ? Quelle est l'ambiance dans laquelle je vous accueille au quotidien ? »

Capacités

« Quelles sont les capacités dont je fais preuve ? Que je démontre ? Quels sont mes savoir-faire ? »

Comportements

« Qu'est-ce que vous me voyez faire ? Qu'est-ce que je fais ? Quels sont les comportements observables que je donne à percevoir ? Qu'est-ce que vous voyez, entendez, ressentez lorsque vous êtes avec moi ? »

Environnement

« Où et quand, d'après vous, est-ce que je réalise mon projet de vie ? Où, quand et auprès de qui, est-ce que je démontre cette réalisation ?

Enrichissez-vous de toutes les informations que vous venez d'obtenir de vous-même et des autres.

DOUZE SUGGESTIONS
POUR LE RENOUVELLEMENT DE LA VIE ADULTE

Voilà les douze suggestions pour le renouvellement de la vie adulte qui s'appliquent lors de chaque nouveau chapitre de vie :

Restez en contact avec vos valeurs. Soutenez-les et soyez soutenu(e) par elles.

Maintenez des relations dans un environnement social élargi. Diversifiez vos contacts, vos échanges, vos amitiés.

Apprenez à savourer des moments de solitude. Appréciez votre propre compagnie.

Trouvez votre rythme. Apprenez à le reconnaître et à vivre selon lui.

Rapprochez-vous de la nature ; soyez sensibles à votre environnement. Profitez du contact avec la nature pour vous ressourcer.

Découvrez le plaisir et la spontanéité que vous avez à être joueur (joueuse) et créatif (créative).

Faites preuve de souplesse et de flexibilité. Vivez avec le changement en restant gardien de votre but.

Apprenez à tirer parti des moments difficiles. Il y en aura toujours. Il ne s'agit pas de chercher à les éviter mais à en tirer des leçons pour l'avenir.

Continuez à apprendre en permanence et à vous former constamment.

Soyez un contemporain du futur.

Développez votre influence et votre congruence interne.

Mettez-vous en phase avec votre identité intégrée.

Exercice 28 – Acceptez l'invitation d'un futur plein d'avenir

Ces douze suggestions vous sont offertes pour aider à votre renouvellement permanent. Elles relayent et étayent tout ce qui vous permet de construire votre vie adulte. En acceptant de les appliquer à votre vie, vous créerez un futur plein de promesses tenues et d'objectifs réalisés et en proposerez une treizième : Faites le point régulièrement.

C'est bien cela que nous vous demandons à faire à l'instant, et de façon récurrente : faites le point par rapport à votre projet de vie à la lumière de ces douze suggestions. Prenez le temps de vérifier comment votre projet vous fournit des moyens pour accepter et apprécier ces propositions. Si vous n'avez pas la certitude que ce soit le cas, faites les réajustements nécessaires à votre projet et dans votre vie, pour trouver l'équilibre dont vous avez besoin et que vous méritez. Pour cela, faites une liste dans laquelle vous inscrirez entre trois et cinq options correspondant à des moyens de faire vivre chacune des suggestions qui encouragent le renouvellement de la vie adulte, lors de chaque nouveau chapitre de vie, y compris la treizième : faites le point régulièrement.

Conclusion

Des ingrédients, une recette et un moule…

Nous voilà à la fin de cet ouvrage et maintenant que vous avez assemblé tous les ingrédients dans vous aurez besoin, nous voudrions partager avec vous une vieille recette pour confectionner une bonne vie.

Dans une vie riche et bien remplie, incorporez des kilos de permissions. Veillez à ce que les portions de domaines de vie soient équilibrées. Assaisonnez à volonté avec une grande diversité de ressources. Faites lever votre projet de vie à la chaleur de vos valeurs fondamentales et de l'amour inconditionnel. Laissez-le mûrir à tout âge et en toutes circonstances. Partagez-le avec vos proches, avec vos amis, avec vos collègues, et avec toute autre personne de votre choix qui soit en mesure de l'apprécier. Consommez-le sans modération pendant qu'il est frais mais ne le gardez pas au-delà de sa date limite de validité. Ne craignez pas d'en manquer ; vous saurez comment vous en fabriquer un autre lorsque le moment sera venu.

Et pour finir, brisez le moule. Vous êtes unique ; il n'y aura plus jamais personne comme vous.

Remerciements

Tout d'abord, nous souhaitons remercier les nombreuses personnes que nous avons rencontrées au fil des années au Dôjô et en cabinet, que ce soit dans des stages, formations, groupes de développement personnel, séances de coaching ou thérapie. Leur désir sincère et ardent de se former, s'instruire, se connaître, se comprendre, échanger et changer nous a accompagnés et soutenus pendant toute l'écriture de cet ouvrage. Nous sommes reconnaissants de la curiosité et du courage dont elles ont fait preuve pendant leur parcours réussi de développement personnel et professionnel, et les remercions vivement de la confiance qu'elles nous ont témoignée.

Nous tenons à saluer et à remercier amicalement les « petites mains » et « gros bras » du Dôjô et d'ailleurs pour leur participation à la réalisation de ce livre :

- Corinne Grivelet, notre chère assistante de toujours dont la bonne humeur constante et les compétences techniques et humaines restent sans faille et sans bornes ;
- Dominique de Meyer, notre secrétaire bien aimée, de son amour avisé de la lecture ;
- Claude Riquier, notre relecteur, correcteur, typographe, à qui rien n'échappe du point de vue orthographique, sémantique, lexical ou grammatical ;
- Sandrine Rivière, coach scolaire et coach d'entreprise, de son éclairage des 17-20 ans. Sa finesse de perception et de com-

préhension, sa curiosité et son ouverture d'esprit ont inspiré les auteurs qui n'ont plus 20 ans, paraît-il ;

- Hélène de Castilla, notre chère éditrice aux InterÉditions pour sa perspicacité et le dévouement qu'elle témoigne à « ses » auteurs autant qu'à leurs lecteurs ;
- Jim Jarmusch pour son film *Ghost Dog*, et tout particulièrement les acteurs Forest Whitaker et Isaach de Bankolé pour leur inoubliable dialogue bilingue.

Bibliographie

BANDLER, R., *Un Cerveau pour Changer*, Paris, InterÉditions, 1990, nouvelle présentation, 2000.

LEVINSON, D., *The seasons of a man's life*, New York, Ballantine, 1978.

LEVINSON, D., *The seasons of a woman's life*, New York, Ballantine, 1996.

MASLOW, A., *Vers une psychologie de l'être*, Paris, Fayard, 1972.

ROGERS, C., *Le développement de la personne*, Paris, Dunod, 1998.

VIORST, J., *Les Renoncements Nécessaires*, Paris, Robert Laffont, 1988.

Autres ouvrages des auteurs

TURNER, J., *La Ligne du Temps – un outil pour dresser son bilan personnel et réorganiser sa vie*, Paris, InterÉditions, 2003, deuxième édition, 2007.

HÉVIN, B. et TURNER, J., *Manuel de coaching – Champ d'action et pratique*, Paris, Dunod, 2002, deuxième édition, InterÉditions, 2007.

HÉVIN, B. et TURNER, J., *Pratique de coaching – Comment construire et mener la relation*, Paris, InterÉditions, 2006.

TURNER, J. et HÉVIN, B., *Construire sa vie adulte – Comment devenir son propre coach*, Paris, InterÉditions, 2000, deuxième édition, 2005.

TURNER, J. et HÉVIN, B., *Les Cahiers du Bien-être – Comment construire sa vie adulte*, Paris, InterÉditions, 2005.

TURNER, J. et HÉVIN, B., *Le nouveau Dico-PNL – Comprendre les mots et les concepts de la PNL*, Paris, InterÉditions, 2006.

HÉVIN, B. et TURNER, J., *Cinquante fiches pour tout savoir sur le coaching*, Paris, Éditions Bréal, 2008.

Liste des exercices

Exercice 1 – Êtes-vous à l'heure pour la crise ? 38
Exercice 2 – Enrichissez votre décade 38
Exercice 3 – Votre ligne de vie 43
Exercice 4 – Si ma vie m'était contée 46
Exercice 5 – Prenez position sur le cycle de changement 55
Exercice 6 – Un laissez-passer pour un rêve de taille 60
Exercice 7 – Conjuguez la « Formule Magique » à tous les temps 69
Exercice 8 – Sur quel pied danser 74
Exercice 9 – Petit orage de cerveau : il pleut des idées 75
Exercice 10 – Idéalement… qu'est-ce que vous feriez ? 80
Exercice 11 – Mon but dans la vie, c'est… 87
Exercice 12 – Un retour en arrière pour aller vers l'avant 89
Exercice 13 – Quels moyens pour marquer votre but ? 90
Exercice 14 – Promenons-nous sur les aires de conscience 114
Exercice 15 – Explorez vos identités de rôles : Qui suis-je face à vous ? 116
Exercice 16 – À la recherche du temps présent 132
Exercice 17 – Reconsidérez vos rôles 134
Exercice 18 – Planifiez, organisez vos domaines de vie 135
Exercice 19 – Levez les obstacles et vivez pleinement vos cinq domaines de vie 142
Exercice 20 – Sept questions pour le futur 159
Exercice 21 – Du savoir au savoir-vivre 160
Exercice 22 – Planifiez votre agenda d'apprentissages de compétences 162
Exercice 23 – Au-delà de cette limite, ce principe ne sera plus valable 183

Exercice 24 – Affirmez les nouveaux principes qui vous guident 186
Exercice 25 – Rêvez votre rêve 198
Exercice 26 – Projetez votre projet 200
Exercice 27 – Votre projet vu des yeux de ceux qui vous aiment 201
Exercice 28 – Acceptez l'invitation d'un futur plein d'avenir 203

Liste des figures

Figure 1 – Un jeu de cartes pour construire votre vie adulte 8
Figure 2 – Les âges de la vie : de 17 à 97 ans et plus si affinités ! 19
Figure 3 – La ligne de vie 43
Figure 4 – Le cycle de changement : 4 phases et 10 étapes pour un renouveau permanent 49
Figure 5 – Le Rêve et le Plan 59
Figure 6 – La « Formule Magique » 64
Figure 7 – Le trépied de l'être humain 73
Figure 8 – La carte des valeurs fondamentales 81
Figure 9 – Les huit aires de conscience 96
Figure 10 – Les domaines de vie 121
Figure 11 – Répartition actuelle de mes domaines de vie 132
Figure 12 – Mes rôles dans la vie 133
Figure 13 – La prochaine répartition de mes domaines de vie 136
Figure 14 – La boussole des apprentissages pour ne pas perdre le nord 145
Figure 15 – Les anciens et… 166
Figure 16 – … les nouveaux principes 167

TABLE DES MATIÈRES

Introduction mode d'emploi. – Avoir les bonnes cartes en main 1

Trouvez la stabilité dans l'instabilité 3
Vivez des crises d'identité multiples 5
Acceptez de nouvelles perspectives pour créer l'avenir 6
Sept cartes et une formule magique pour un projet de vie 7

1. VIVEZ VOTRE ÂGE 15

Bonne façon n° 1 : profitez du moment présent 15

Les cycles de vie de 17 à 97 ans 16
Vivre mieux chaque décade 19
Les droits et devoirs à tous les âges de la vie 22

2. FAITES-VOUS UN ALLIÉ DE TOUT CE QUI VOUS ARRIVE 41

Bonne façon n° 2 : servez-vous du changement comme force motrice 41

La ligne de vie 42
Les sommets et les vallées 44
Le cycle de changement 47
Les quatre quadrants 48
Les dix étapes de renouvellement
pour une vie en mouvement 52

3. UTILISEZ VOTRE POSSIBILITÉ DE TRANSFORMER LE PLOMB EN OR 63

Bonne façon n° 3 : la « formule magique » valable à tous les âges 63

En quatre mots 65
Continuez 70
Quatre options pour vous simplifier la vie et faire que votre futur soit plein d'avenir 70
Le triptyque de l'expérience humaine 73
En avant, marche ! 74

4. ENTRETENEZ L'ESSENTIEL 77

Bonne façon n° 4 : réévaluez et réactualisez vos valeurs tout au long de votre vie 77

Qu'est-ce qu'une valeur ? 78
Le pouvoir personnel : s'approprier 80
L'accomplissement : se prouver 82
L'intimité : partager 82
Le jeu et la créativité : s'exprimer 83
La recherche de sens : s'intégrer 84
La compassion et la contribution : se donner 86
Valeurs et besoins : un lien indissoluble 88
Vivre en accord avec nos valeurs tout au long de notre vie 90

5. EXPLOREZ, PRENEZ CONSCIENCE 93

Bonne façon n° 5 : utilisez les moyens qui vous permettent de mieux vous connaître et de décoder votre environnement 93

Les huit aires de conscience : un système cohérent 94
Les identités de rôles 95
L'environnement 98
Les comportements 101
Les attitudes 104
Les capacités 106
Les croyances 108
Les valeurs 109
L'identité intégrée 110

6. ÉQUILIBREZ VOS DOMAINES DE VIE 119

Bonne façon n° 6 : harmonisez vos investissements énergétiques et émotionnels 119

Les cinq domaines de vie 121
Quantité ou qualité, faut-il choisir ? 133
Les domaines de vie : une unité indivisible 136
Prévoir les obstacles 137

7. RESTEZ ALERTE 143

Bonne façon n° 7 : apprenez à apprendre et à désapprendre toute votre vie 143

Sept questions pour ne pas perdre le nord 145
Apprendre est la base de votre développement adulte 157
Petit traité de savoir-vivre dans une société en mouvement 160

8. DONNEZ-VOUS DES POINTS D'APPUI SOLIDES 165

Bonne façon n° 8 : revivifiez régulièrement vos principes de vie 165

Pourquoi revisiter ses principes de vie 165
Les quatre anciens principes des générations passées 170
Le principe de la constance 172
Le changement culturel pour passer des anciens principes aux nouveaux 173
Le nouveau paradigme : les quatre nouveaux principes 175
Parce que les principes sont périssables… 182
Des permissions pour une nouvelle vie 183

9. RÊVEZ 189

Bonne façon n° 9 : soyez visionnaire ; rêvez votre projet et projetez vos rêves dans votre vie 189

Rêvez votre projet et projetez vos rêves dans votre vie 191
Préparer l'entrée dans un nouveau chapitre de vie en trois étapes 191

Exercez-vous à rêver, planifier, projeter
et construire votre vie 198

Conclusion. – Des ingrédients, une recette et un moule… 205

Remerciements 205

Bibliographie 207

Liste des exercices 211

Liste des figures 212

Vous pouvez contacter Jane Turner et Bernard Hévin à l'adresse suivante :

Le DÔJÔ

Centre de développement personnel et professionnel

43 rue Daubenton 75005 Paris

Tél. 01 43 36 51 32

e-mail : contact@ledojo.fr

Site web : www.ledojo.fr

901073 - (I) - (1,5) - OSB 90° - FAB - API

Achevé d'imprimer sur les presses de
Snel
Z.I. des Hauts-Sarts - Zone 3
Rue Fond des Fourches 21 – B-4041 Vottem (Herstal)
Tél +32(0)4 344 65 60 - Fax +32(0)4 286 99 61
Avril 2010 – 50523

Dépôt légal : mai 2010

Imprimé en Belgique